改訂版 システムのはなし

●複雑化・多様化へのチャレンジ

大村 平 著

日科技連

まえがき

　システムの概念は，もとはといえば，軍事上の必要性から芽ばえたものです．そして，企業や行政の戦略上，非常に有用であるというので，たちまち日本中の各階層に広がってしまいました．気のきいた経営者や管理者の口からは，ことあるごとに"システム"が飛び出すほどです．けれどもシステムの概念は，企業や行政にばかりでなく，もっと普遍的に重要な概念だと，私は思っています．

　物質文明の急速な発展のために，私達の社会は複雑化，多様化の一途をたどります．よほど気をつけていても，複雑化，多様化の渦の中に，自分の位置を見失ってしまいます．その結果，疎外感，違和感，あるいは孤独感を味わう人がふえてきました．いわゆる"断絶の時代"です．その証拠に，ほんとうの友情を持ったり，しみじみとした恋愛をする人に，私は会ったことがありません．悲しいことです．ほんとうの友情や恋愛が育ち，そこに，かけがえのない価値を見いだせた時代を，なつかしいと思います．けれども，そういう古い価値観がよみがえることを期待しているのではありません．もっと大きな人類の利益のために，それは消え去ってもよいのだとさえ思います．

　そのかわり，私達の心のよりどころとなる新しい価値観が確立される必要があります．それは何でしょうか．私には，よくわかりません．わかっていることは，複雑化，多様化の波にもまれても，自

分の位置を見失わないための"何か"をしっかりと身につけておき
さえすれば，新しい時代を生きていくための価値観が，おのずから
芽ばえてくるだろうということです．自分の位置を知っていること
は，自分にとって何がたいせつで，自分は何をするべきかを判断す
る決め手なのですから……．

　この"何か"がシステムの概念なのだと言ったら，手前みそにす
ぎるでしょうか．そんなことはないと思います．システムの概念を
知らないと，判断が自分中心になってしまいます．「窓からでは，
全世界はけっして見渡せない」というスペインの諺のように，自分
中心では，複雑な近代社会の全貌を理解できません．だから，自分
の位置を見失ってしまいます．システムの概念を身につけてこそ，
はじめて「それでも地球は動いている」とつぶやいたガリレオ・ガ
リレイのように，自分の位置を正しく理解できるのです．この小冊
子が，システムの概念をつかむ手がかりになってくれれば，望外の
幸せです．日科技連出版社の方々，とくに，山口忠夫さんには，こ
の出版についていろいろと尽力していただきました．お礼を申し上
げます．

　昭和 45 年 11 月

大　村　　平

　この本の初版が出版されたのが 1971 年の 1 月ですから，なんと
半世紀も前のことになります．十年ひと昔という言葉がありますが，
さすがに五昔も前に書いたものなので，社会環境は大きく変わり，
文中の題材や表現に不自然な箇所がたくさん見られるようになりま

した．そこで，そのような部分を改訂させていただきました．

　初版の当時ともっとも変わったのは，"システム"という言葉に対する世の中のとらえかたです．この本では，「多くの要素が互いに関連を持ちながら，全体として共通の目的を達成しようとしている集合体」をシステムと呼ぶ，と定義しています．このことは，半世紀経ったいまでも変わらないと思っています．したがって，ハードウェア，ソフトウェア，人，情報，技術，サービスなど，さまざまな要素が含まれるはずです．けれども，いつのまにか，システム＝コンピュータという，私に言わせれば間違った常識が，世の中を覆うようになりました．そのため，SE（System Engineer）という仕事も，IT エンジニアを指すようになってしまいました．

　くれぐれも申し上げておきますが，この本が扱うのは，本来の意味でのシステムであり，複雑さと対決しながら，それを合理的に設計し，運用するための理論と手法であるシステム工学です．どうぞ，お間違いのないように……．

　はなしシリーズの改訂版も，この本で 23 冊を数えるまでになりました．半世紀ぶりに甦ることになったのも，思いもかけないほど多くの方々に取り上げていただいたお陰です．これから先も，このシリーズが多くの方々のお役に立てるなら，これに過ぎる喜びはありません．

　なお，改訂にあたっては，煩雑な作業を出版社の立場から支えてくれた，塩田峰久取締役に深くお礼申し上げます．

　　令和 2 年 10 月

　　　　　　　　　　　　　　　　　大　村　　平

目　　次

第 *1* 章

システム概念の誕生

学問なき経験は，経験なき学問にまさる
——イギリスの諺

欲望の追求

　私たち人間には限りない欲望があります．想いかなって，お目あ
ての異性をゲットして，このパートナー以外に異性はいないと思い
こんだのもつかの間，半年もしないうちに，ほかの異性に目を奪わ
れるようなことは，よくあることです．月給が 20 万円のときには，
30 万円は欲しいと思い，30 万円の月給とりになると，50 万円はも
らわないと，と思います．アパート暮しの人たちは，小さくてもマ
イホームを持ちたいと願い，ささやかなマイホームにありつくと，
こんどは，もう少し大きい家に住みたいと欲が出てきます．私たち
の欲求には限りがありません．

　人類の歴史は，人間の欲望をよりよく満たすための，努力の連続
であったといえます．飢えの苦しみから逃れるために，狩の道具を
くふうし，命を張って，自分より強い獲物にもたち向かいました．
ドングリやクルミの実だけでは食の欲求を満たしきれないので，野

草のとげに血を流しながら畑をつくり，ムギやヒエを栽培することも覚えました．泥と汗にまみれて川から水を引き，農作物の増収をはかったのも，食に対する欲求を，よりよく満たすための努力にほかなりません．小屋をつくり，はたを織り，橋をかけ，家畜を飼育するなど，欲求を満たすための努力を，私たちの祖先は惜しみなく続けてきました．欲求が勤労の動機となり，勤労が欲求をいくらかは満たしてくれたわけです．

けれども，個人の力には限りがあります．設計図はガウディの頭の中だけにあったと言われるサグラダファミリアは，着工から140年近くたっているのに，いまだに完成していないではありませんか．私たちの欲求には限りがないのに，個人の力には限りがあるのは，困ったことです．よりよく欲求を満たす環境をつくり出すには，ひとくふういりそうです．ありがたいことに，ここで，すばらしい人類の知恵がはたらきました．一人ひとりの活動を互いに密接に結びつけることによって，個人の欲求をよりよく満足させられることに気がついたのです．各人が，てんでんばらばらに努力しても，結局はたいしたことができないけれど，互いに連携を保ちながら，分業したり共同したり，時には競争したりすることによって，各人の利益がずんと大きくなることに気がついたのです．早い話が，こういうことです．A宅からB宅へある荷物を届ける必要があるとします．一方，B宅からもA宅に届ける品物があります．AとBの行動になんの関係もないなら，AがBの家まで荷物を届け，BがA宅へ品物を運ぶことになります．けれども，もし二人が行動をうまく関係づけて，A宅とB宅の中央で出会い，荷物を交換して帰宅すれば，二人とも半分の労力で，目的の仕事を達成することになり

ます.

　この知恵のおかげで，いくつかの家庭が集まって集落をつくり，物資や情報の流通を通じて他の集落と結びつき，人間の社会経済活動が生まれ，発達したのです．それによって，個人や家族単位の社会では思いもよらなかった物資が手に入るようになり，生活環境は急テンポで向上し，個人の欲求は，容易に確実に満たされるようになっていきました.

　一人ひとりの活動を互いに密接に関連づけることは，かなりむずかしい仕事です．接触する相手がごく少数のうちは，とくにめんどうな約束ごとがなくとも，何とかうまくやっていくことができます．けれども，接触する相手がふえていくにつれて，いろいろな取り決めが必要になります．しきたりや約束なしでは混乱が起こってしまい，お互いの活動を有効に関連づけることができなくなるからです．そのため，作法，慣習，道徳，法律などの約束ごとがたくさんつくられました．これらの約束ごとは，いずれも一人ひとりの活動を有効に関連づけて，社会全体の利益を追求し，ひいては，個人の欲求をよりよく満足させるためのものです.

社会の複雑化

　社会経済の規模が大きくなるにつれて，一人ひとりの活動の相互間の関連は，加速度的に複雑になっていきます．この事情は，つぎのようなモデルを考えてみると，がてんがいくはずです．ある個人が他の人たちと関係を持つ距離が，いままでの2倍に伸びたと思ってください．この地域の人口密度が均一だと仮定すると，その個人

4

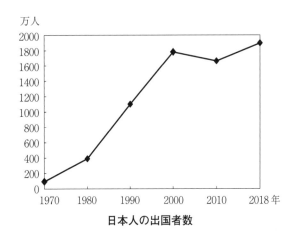

日本人の出国者数

が関係する他人の数は，その二乗の4倍になります．互いに関係し合う人数が4倍になると，関係の数，つまり，A氏とB君，Cさんと D嬢という組合せの数は，そのまた二乗の16倍にほぼ等しくなります．すなわち，各人が関係を持てる範囲が広がるにつれて，関係の組合せは，その四乗に比例して増大するということです．

　一方，個人の活動範囲は，グローバル化の進展によって，昔と比べて飛躍的に広がっています．法務省の出入国管理統計によれば，1989年の日本人の出国者数は966万人でしたが，2018年には，1,895万人にものぼっています．つまり，平成の間に，およそ2倍にまで増えたことになります．もっと言うと，1970年には94万人でしたから，この50年の間に日本から出国した人の数は，20倍にまでなったことになります．個人が関係を持てる範囲が広がると，その四乗に比例して関係の組合せが増大するのでしたから，いったい，どれくらい増大したのでしょうか．想像できません．たとえば，東京か

ら札幌までの距離がおよそ 830 km，東京からワシントンまでがおよそ 11,000 km ですから，これだと，関係の組合せは 13 倍の四乗ですから，28 万倍にもふえたことになります．

　そして，世界的な人口の増加も，考えなくてはいけません．日本の人口は，30 年前と較べて 1.04 倍，50 年前と較べても 1.21 倍にしかなっていません．しかし，世界に目を向けると，1970 年は 37 億人，1989 年は 53 億人，2018 年は 76 億人ですから，50 年前の 2.05 倍，30 年前の 1.43 倍になっていて，さらにふえ続けています．人口が 2 倍になると，それだけで各人の組合せの数は 4 倍になります．適当な比較かどうかは別として，先ほどの東京〜札幌と東京〜ワシントンの場合，この 50 年間で各人の組合せは 28 万倍になっているのでしたから，人口の増加を考えると，50 年間に 112 万倍になったかんじょうです．なんと，べらぼうな数字でしょう．

　けれども，個人の移動距離や世界の人口増は，人間社会が複雑化したことを示すたったひとつのたとえにすぎません．インターネットの普及によって，爆発的に増大し，氾濫する情報，SNS によってさらに広がる各人の関係，大量に生産され，消費される物資など……．どれもこれも，私たちの社会を急激に複雑なものに変えました．しかも，この複雑化のテンポは，年とともに激しさをまし，おそろしい勢いで複雑化の一途をたどっています．あまりにもテンポが早すぎて，複雑化が私たちの社会を押しつぶしてしまいそうな恐ろしささえ感じられるではありませんか．

複雑化の驚異

複雑化を別の面からさぐってみましょう．第二次世界大戦後，日本の工業は，カメラ，時計などの軽工業をリーディング・ヒッターとして，めざましい発展を遂げてきました．その後，重工業にシフトし，今の日本を代表する工業製品といえば，自動車と工作機械あたりでしょうか．今から約50年前，セイコー社が世界ではじめてクオーツ時計を世に出しましたが，その部品数は50〜80点といわれています．

これに対して，自動車の部品の数は2〜3万点といわれ，ジェット旅客機にいたっては，100〜300万点といわれています．製品の複雑さは，部品の数にではなく，ほぼ，その二乗に比例します．これは，前の節で互いに関係しあう人数が4倍になると，関係の組合せは，その二乗の16倍にほぼ等しくなると書いたのと同じです．

部品数が多くなっても，互いになんの関係もない部品があるはずだから，複雑さが部品数の二乗に比例して増大するというのは思いすごしだ，と指摘されそうです．なるほど，たとえば自動車のバックミラーとテールランプとはなんの関係もなさそうです．ふつうの人は，みなそう思います．バックミラーはバックミラーで，安く美しく丈夫につくり，テールランプはテールランプで，安く美しく丈夫につくれば，それがよい自動車をつくる道だと思うはずです．けれども，この考えは正しくありません．バックミラーの位置と重さによっては，車体の細かい振動によって，テールランプの寿命を縮める結果になるかもしれません．

良い設計をしようとすればするほど，一見なんの関係もなさそう

n 個から 2 個とる組合せの数は

$$\frac{n(n-1)}{2}$$

n が大きい場合には

$$\frac{n(n-1)}{2} \fallingdotseq \frac{n^2}{2}$$

となるから，ほぼ，n^2 に比例する．

な二つの部品の間に，どのような関係があるかを見きわめる必要がでてきます．ですから，複雑さは部品数の二乗に比例して増大するというのは思いすごしではありません．それどころか，複雑さの度合いは，もっと大きくなるかもしれないのです．二つずつの部品の関係ばかりではなく，三つ以上の部品がぐるになって，ややこしい関係ができてくるほうがふつうだからです．私たちは，小規模なものがだんだん大きくなった延長線上に，質的には等しい大規模なものが存在すると考えがちですが，必ずしもそうではありません．規模の変化が，質の変化をもたらすことが少なくないのです．

　それなら，部品の数を少なくして，複雑化させなければよいのではないかという声が聞こえてきそうですが，残念ながらそうはいきません．より高級で効果的な性能をめざす以上，部品点数の増加，すなわち複雑化は避けて通れません．そして，なるべくたくさんの部品の間に密接な関係をもたせる必要があるのです．

複雑さへの挑戦

人間社会の複雑さも，工業製品の複雑さも，加速度的に変化しているのでした．自動車の世界では，「100年に一度の大変革期」などとも言われています．大きな変化は，私たちのものの見方・考え方に革命を要求します．私たちの頭脳を改革し，劇的な変化に対処していかなければなりません．

さきほど，自動車のバックミラーとテールランプとはなんの関係もないと考えるのは正しくない，と書きました．そして，バックミラーはバックミラーで安く美しく丈夫につくり，テールランプはテールランプで安く美しく丈夫につくれば，それがよい自動車をつくる道だという考えはまちがっていると書きました．バックミラーとテールランプの間に微妙な関係があって，ひょっとすると，バックミラーの美しさを少しだけ犠牲にして形を変えることでテールランプの寿命がぐんと伸びて，自動車全体として品質が良くなり，信頼性も向上する，ということが起こるかもしれないからです．全体の複雑さが少ない時代は，それぞれの部品を良くしていけば，全体も良くなるという考え方が支配的でした．なぜなら，「部品を良くする」という意味の中には「他の部品にとって不具合にならず」したがって，「全体も良くなる」という条件が自明の理として含まれていて，他の部品との関係が複雑でなければ，この条件はいつも容易に成立させることができたからです．たとえば，こういうことです．下駄は，木製の台部とはなおの二つの部品でできています．台部は軽くて丈夫なほど良いので，桐などの高級な木材が使用されます．ところで，丈夫なほど良いのなら，はなおをすげる三つの孔な

どないほうが良いに決まっています．けれども，台部に孔がなければ，はなおには，のっぺらぼうな平面に三点で吸いつくしかけでも準備しなければならず，下駄全体として見ると，良いものにはなりそうもありません．こんなことはわかりきったことなので，孔のない台部を良い部品だと主張する変わり者はいないことになります．

　ところが，部品の数が多くなり複雑になってくると，こうは簡単にいきません．美しいバックミラーとはなんでしょうか．自動車からはずして机の上に飾ったときに美しいのでは，あまり意味がなさそうです．自動車の他の曲線との関連において美しいのでなければ，良い部品とは言えません．丈夫なバックミラーとはなんでしょうか．ハンマーで叩いてもこわれないことは，自動車の部品として価値があるとは思えませんが……．

　良い部品であるかどうかは，他の部品とどのような関係を持っているか，全体の良さに対してどのように貢献しているか，全体の良さとはいったい何なのか，というところまで考えていかないと，判断が下せません．部品の数が多く，互いに複雑な関係を持っているときには，部品の良さのほうから全体の良さの方向へ思考していったのでは，複雑すぎて何が何だかわからなくなってしまいます．

　人間の社会についても同じことです．社会が単純なうちは，自分の立場からまわりを見まわしても，だいたい全部の範囲を見渡すことができたし，自分と他人との関係を見落とすことはありませんでした．けれども，現代のように社会が複雑で，しかも絶え間なく変化していると，自分がこの人間社会の中でどういう位置にいて，どういう役割を受け持っているかがわからなくなってきます．そのため，思い上がったり，困惑したり，世の中が何とはなしにいやに

複雑さに挑戦する

なったり，絶望したりすることも少なくありません．自分の位置を
見失うぐらいですから，何をするのが社会のため，ひいては自分の
ためになるのか正当な判断を下せず，やみくもな行動につっぱしる
ことになります．自分でも不安だし，他人にとっても迷惑な話です．

　一人ひとりの活動を密接に関連づけることによって，私たちの限
りない欲求をよりよく満足させることを覚えた人類は，今度は，密
接な関連ゆえに生じた複雑さに悩まされるはめになってしまいまし
た．

　この複雑さに打ち克って，人間社会の発展への前進，すなわち，
人間の限りない欲求をよりよく満足させうる社会への前進をたくま
しく続けるためには，ここでもうひとくふう必要なようです．どう
やら，人類は，この "ひとくふう" にも成功したようです．複雑す
ぎて見通しがきかなかった全体を，部品のほうから全体を眺めるの
ではなく，全体のほうから部品を眺め，混乱しはじめていた部品ど
うしの関係をアレンジしなおして，全体をよりよくしたり，もっと
思いきって "全体" の意味を考えなおし，別の "全体" で代替させ

たりする考え方に気がつき，そのためのテクニックを開発してきたのです．なお，個々の部品が優秀であることが前提となることは，言うに及びません．

　こういう考え方を，全体をシステムとしてとらえた考え方であるといいます．いいかえれば，全体を「多くの部品が互いに関連を持ちながら，全体として共通の目的を達成しようとしている集合体」としてとらえたとき，その集合体が**システム**です．"部品"はときによっては，人間であったり，法律や手順であったりすることもあるので，この際"要素（エレメント）"に改めておきましょう．つまり，**システムは，多くの要素が互いに関連を持ちながら，全体として共通の目的を達成しようとしている集合体**ということができます．そして，てんでんばらばらであった多くの要素を，全体の目的に貢献するように，互いに関連を持たせることを"**システム化する**"というわけです．

　近ごろ，システムというと，コンピュータシステムのことだと思っている方が多くいます．事実，三省堂の大辞林では，もともとの意味のほかに，「コンピューターで，組み合わされて機能しているハードウェアやソフトウェアの全体」という解説もつけられています．しかし，本来の意味は，9行前あたりに書いたものですし，この本で書くのも，けっしてコンピュータシステムのことではありませんので，ご注意ください．

全体からの把握

　システムの考え方は，呼び名こそ使わないまでも，昔から多くの

人たちがこういう物の見方に気がついていました.

　たとえば,石膏で女性の首の彫像をつくる場合を考えてみましょう.私のような素人は,モデルの唇のかわいさにほれ込んで,なんとかその形を再現しようと思い,さらに,澄んだ美しい目の形や,かっこいい鼻の姿を彫刻の上につくり出そうとけなげな努力をします.ところが,唇も目も鼻も髪のふくらみも,われながら相当なできばえだと思うのに,どうも全体としてうまく仕上がらず,けなげな努力がむくわれません.

　専門家にいわせると,それは,部分にこだわっていて全体を見ていないからだそうです.目や唇や鼻が集まって顔をつくるのではなく,顔の中に目や唇や鼻が配置されていると考えなくてはいけないというのです.ですから,まず,首全体の形を把握し,そして,髪のウェーブや耳の位置などとの関連で顔の外形が決まり,その顔の中に目や唇や鼻がバランスよく配置され,その唇がかわいい形をとるところに,唇のかわいさの意義があるのだ,というわけです.これは,明らかに首をシステムとしてとらえている証拠です.

　囲碁もシステムの戦いです.自分の打った石を互いに緊密に連係させて,全体として一つの目的——敵のシステムより大きな領地を獲得するという目的を達成しようとしているのですから…….相手よりずっと大きなシステムを取り扱える人が,名人と呼ばれる人です.私などは,中盤戦で大捕物を展開し,あげくのはてに,ずいぶん離れた所にある敵の石との関連で,がっぽりと大石を取り上げられ,くやし涙にくれてばかりいるのですが,石をシステムとして見る訓練をもっと積まなければいけないと,反省しています.

　茶道の目的は,和敬清寂の根本精神によって心を整えることだと

聞いています．この目的のために，いろいろな要素がすべて集結されています．茶室や待合などの建物も，釜，茶入れ，茶杓，茶碗などの道具も，茶碗を右手でとり，左手で受けて一礼し，左へ二回まわしてから三口半で泡まで飲む，といった手順や作法も，掛け軸やつくばいの苔にいたるまで，ありとあらゆる部品が互いに調和をとりながら，共通の目的のために役だっているのです．これを，システムとして理解しなければ，一つの要素，たとえば"左へ二回まわしてから三口半で飲む"などに，何の意味が見いだせるでしょうか．こっけいなだけではありませんか．

　彫刻も絵画も，囲碁も茶道も，それぞれ，りっぱに一つのシステムです．多くの場合，システムは複雑なので，要素どうしの関連を正しく理解することは容易ではありません．だから，彫刻も囲碁も茶道も，奥が深く，かんたんにはマスターできないのです．マスターする近道は，部品のほうから全体を理解しようとするのではなく，全体のほうから部品のあるべき姿をとらえていくことだと私は考えていますが，いかがでしょうか．とは言うものの，ですが……．

システムの感覚

　システムの考え方は，理くつでは，まことに簡単です．誰でも容易になっとくできます．ところが理くつではなっとくできても，実感としてはなかなか身につかないから困ったものです．その証拠に，わかっていても碁盤の片すみでごみごみと戦いをしてしまうではありませんか．広く全体を見渡した公平でバランスのとれたものの見方は，言うはやすく，行なうは，おそろしくむずかしいものです．

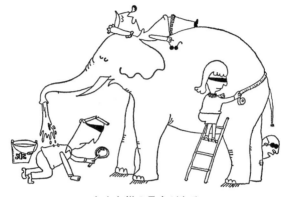

各人各様の見方がある

誰でも考え方や感覚や知識の範囲にくせがあるし，それぞれの社会的な立場もあるので，ものの見方にかたよりがあるからです．

　こういう話があります．友だちどうしの集まりで，ある人が「ここにあいこのお菓子があるとします」と話し出したのだそうです．技術関係の仕事をしている友人たちは頭の中に"1個のお菓子"を想像したのですが，一方，事務の仕事をしている友人たちは，いっせいに"愛子さんのお菓子"を頭の中に描いた，というのです．同じような環境に生活している友人どうしでも，このくらいの感覚の差はいくらでも見られます．

　技術者どうしでも同じ感覚ではありません．かつて，私は，低空を飛行するジェット機から，パイロットを座席ごと火薬で空中に放り出して，パラシュートで生還させる脱出装置の開発に参加したことがありました．地上に敷設したレールの上を，ロケットの力でジェット機の胴体を高速で走らせ，火薬の力で風防を飛ばし，パイ

ロットの人形を座席ごと火薬で空中に射ち上げ，パラシュートで生
還させるテストを行なうために，たくさんのエンジニアが集まりま
した．飛行機，火薬，ロケット，土木，電気，パラシュートの専門
家などです．ある日，メンバーの控室の黒板に「長さを5だけ短縮」
と書いてあったことがありました．この"5"をエンジニアたちは
どう受け取ったでしょうか．飛行機のプロは5ミリメートルと思い，
土木のプロは5メートルだと考え，パラシュートのプロは5インチ
と受け取ったのです．エンジニアどうしでも，このくらい感覚に差
があるものです．ですから，法律家は法律家らしいくせをもっても
のごとを考え，政治家は政治家としての立場でものを見，技術者も，
商店主も，学生も，主婦も，それぞれの感覚と立場でものごとをと
らえているので，そのとらえ方に，ずいぶん大きな差があっても，
なんの不思議もありません．

　ところが，システムは「多くの要素が互いに関連を持ちながら
……」です．多くの要素の中には，それぞれの専門家にとって，な
じみの深いものから，ほとんどなじみのないものまで，いろいろな
ものが含まれています．実は，なじみの深いものと，なじみのない
ものとの関連を正しく見きわめることは，なじみのないものどうし
の関連を正しく把握するより，はるかにむずかしいことなのです．
どうしても，なじみの深い要素を中心にして，要素間の関連を理解
しようとするので，理くつではわかっていても，システムとしての
把握がおろそかになってしまうのです．

　日本人は，システム的なもののとらえ方がへただといわれます．
局部的にものを見てしまい，大局を把握する力が乏しい，というの
です．なまじ器用なところがわざわいして，細部にこだわることが

多く「木を見て森を見ず」「よしの髄から天井覗く」「鹿を追う者は山を見ず」ということになりがちです．けれども，私は，日本人がシステム思考をにがてとする特質を持っているとは思いません．茶道のように，非常にシステム的感覚を必要とする芸道を発達させているではありませんか．

システム的なものの見方・考え方は，理くつではわかっても，実務的な訓練を受け，実際に経験しないと，なかなか身につかないセンスです．本を読んで，手法などを勉強して，口でシステム，システムと叫んだところで，システムの感覚は身につきません．考え方の異なる多くの人たちと議論を重ね，自ら設計に参加するなど，さまざまな経験を経て，はじめて身につくセンスです．ただし，いくらいろいろな経験を積んでも，対象をシステムとしてとらえようとする問題意識がなければダメです．問題意識と経験とが重なり合って，はじめてシステムの感覚がつくり上げられるのです．

日本人がシステム感覚に欠けると言われる理由は，一つには，長い間の社会環境が，システム感覚を身につけるための実務的な訓練の機会を与えなかったのと，一つには，日本人古来の島国根性が，システムに対する問題意識を芽ばえさせなかったからではないかと思います．

システムという言葉

ハワイでは，「おはよう」も「こんばんは」も「さようなら」も全部「アロハ」だそうです．日本語でも，「すみません」がこれに似た汎用性を持って使われています．「ありがとう」も「ちょっと

失礼」も「ごめんなさい」も「おねがいします」も，若い人たちに
かかると「すみません」で片づけられてしまいます．言葉の種類は
豊富なほうがよく，場合によってじょうずに使いわけたいものだ，
と思うのですが，どうでしょうか．

　「システム」という言葉が日本で使われるようになったのは，か
れこれ60年くらい前からでしょうか．当時，アメリカから入った
文献を読んでいて，システムという言葉が，それまでの常識とずい
ぶん異なった概念を意味しているのを知って，びっくりしたもので
す．

　システムの概念は，システムという言葉によって輸入され，普及
してきました．言葉なしでは，概念は明確な姿とはなりません．「は
じめに言葉ありき」です．けれども，普及とともに，システムとい
う言葉が少々安易に使われて，「アロハ」や「すみません」ほどで
はないにしても，本来の意味を正しく表現していない場合が少なく
ないのが，気になって仕方ありません．

　システムに対応しそうな日本語はたくさんあります．体系，系統，
組織，機構，制度，方式……．まだまだあるでしょう．システム
(System)は，言語学的には，カオス(Chaos：混沌)の反意語だそう
ですから，これらの日本語は，それぞれ，システムに対応するにふ
さわしい一面を持っています．これらの日本語が「多くの要素が，
ある目的のために，整然と秩序づけられている」という意味を含め
て使われる場合には，です．ところが，現実には，そういう意味あ
いでなく，乱用といってよいほど，気楽に使われていることが少な
くありません．

　たとえば，「頭金は30％で，残金は6カ月の分割で支払っていた

だくシステムになっています」などと使われたりします．これは，システム本来の意味とは関係ありません．「支払っていただくことになっています」で，じゅうぶんではありませんか．システムという言葉の響きの"かっこよさ"にかこつけて売上げを伸ばそうなどとは，けしからん話です．

　先日，浜松町の駅の近くを歩いていたら，威勢のよい呼び込みから，「うちはお一人様60分4,000円の明朗会計料金システムですよ」と，声をかけられました．また，新聞の折り込みを見ていたら，ある結婚相談所の広告が入っていて，「どんなシステム？」とあるので眺めていたら，なんのことはない，入会から結婚にいたるまでの流れが書いてあるだけでした．こんな使われ方をされたのでは，システムが泣いてしまいます．

　やり方とか方法とか，方式や制度など，他の言葉でぴったりと表現できるのに，「システム」という言葉を使うのはやめましょう．「はじめに言葉ありき」ですから，言葉の使い方を誤ると，本来の概念さえゆがんできます．長い歴史の必然性で，概念が変化してくるのは当然のことですし，それが概念の進歩につながるのですが，まちがった言葉の使い方によって概念をゆがませてしまうのは，避けなければなりません．

第 *2* 章

システム化のいろいろ

悪魔でも仲間が必要だ

――タミル族の諺

予約もシステムか

前の章で，対人関係の組合せが飛躍的にふえ，たった50年でべらぼうな数に達した，というようなことを書きました．各人の活動を密接に関連づけることが，個人の欲求をよりよく満たすことにつながるのでしたが，対人関係の組合せがとんでもない数にふくれ上がったいま，各人の活動を密接に関係づけることなど，いうは易く行なうは難し，ではありませんか．わかっていても，つい，各人の活動は，てんでんばらばらになり，カオス（混沌）の状態に近づきます．

そのため，私たちの活動を**システム化**するための努力が必要です．予約システムが必要になるのです．公園を散歩していたら，小学生の子どもが友だちに電話をしている声が聞こえましたが，12時半にあなたの家へ行くから，いっしょにでかけましょう，というようなことを，さえずっています．互いの活動を関連づけて，大いに欲

予約時代がやってきた

求を満たそうとしているわけです.

　楽しいデートの約束も, もちろんそうですが, 忙しいビジネスマンが商用で面談する時間の約束も, 乗り物や旅館の予約も, 大きな商取引の納入や支払いの契約も, みな予約です. 土日はいっせいに休む習慣も, 祝祭日のきまりも, 給料支払の期日と給料の額についての約束も, 考えてみれば, ぜんぶ予約です. 予約がなければ社会は動きません. 気どった言い方をすると, システムの論理のポイントは, 相互の行動様式の対応関係がうまくいくこと, なのですから, そのためには, 相互の予約によって行動様式をうまく対応させる必要があることは, 言うに及びません.

　予約は, もちろん, 行動のタイミングを合わせるためにのみ必要なのではありません. 行動の内容やその結果としての相互の利害なども含めて, 互いに了解しあうのが原則です. めったやたらに大人数の予約を旅館に入れたのに, まったく姿を見せなかったという問題があったことは記憶に新しいですが, 私の好きなことをするのが

なぜ悪い，などという発想が，通用するわけはありません．

　ある課長が，業務上の急用で若い課員を日曜に呼び出そうとした
ところ，公私を混同しないでください，と断わられたという話があ
ります．公私混同は，もともとは，"私"が"公"の中に割り込む
のをいましめた言葉なのに，若い課員が"公"が"私"を侵すこと
に腹をたてているところが面白いのですが，しかし，このことは，
社会のシステム化の立場から見ても教訓が含まれています．若い課
員にとっては，日曜は休みという予約があったのです．ひょっとす
ると，デートの予約ができていたのかもしれません．予約によって，
互いの行動を関連づけ，システムを成立させて，ひいては，それが
各人の幸福に還元されていく，という原理から考えて，これは課長
の負けです．日曜出勤をさせる必要があるのなら，計画をじょうず
に立てて，もっと早めに日曜出勤の予約をしておくべきだったので
す．

犯罪捜査システム

　2019年に，日本では950件の殺人事件が認知されたそうです．
これに，強盗，強制性交，放火を加えたいわゆる凶悪犯は4,706件，
これに詐欺，傷害などをぜんぶ加えると，75万件近い刑法犯罪が
認知されたそうです．

　日本の警察は非常に優秀で，世界でもトップレベルにあるといわ
れます．けれども困ったことに，その検挙率は2001年の19.8％を
底に回復傾向にありますが，50年前の1970年の55.5％に対して
2019年は39.3％ですから，かなり落ちています．これは，交通の

発達による犯人の逃亡手段の多様化，おおもとまで捜査の手が及ばない犯罪の巧妙さ，犯人の特定が困難なインターネットを使った犯罪の増加など，犯罪の内容が複雑になり，昔ながらの捜査方法では，その複雑化に追いつかなくなったためだと思われます．そこで，なんとか手を打たなければいけないと，複雑化と対決するための獲物がシステム化です．

犯罪の発生後，なるべく早く現場に警官が到着する一方，犯人を現場から遠くへ逃さないようにすみやかに手を打つことが，事件の解決率を高める第一歩です．事件発生の直後には解決の手がかりが荒らされずに残っているでしょうし，犯人も，まだ遠くへは逃げていないでしょうから，犯罪捜査システムは，まず，緊急配備システムから始められます．緊急配備は，捜査，警備，交通などの各分野にまたがっているので，システム化されていないと，後手を踏むことになります．

捜査，警備，交通などの分野の中にある緊急配備に関連ある要素を，すみやかに緊急配備を行なうという共通の目的のために，関係づけて統合することが，緊急配備システムです．具体的にいうと，こういうことです．犯罪の発生をなるべく早くキャッチし，現場の近くにいる警官と犯罪捜査の専門家に現場への急行を指示し，犯人を遠くへ逃さないための検問を有効な地点で開始するのです．

こうして犯罪捜査のシステム化がはじまり，今でもこれが捜査の基本だと思いますが，ますます複雑化し，高度化する犯罪を解決するために，さらなるシステムの高度化が避けられません．現在，警察庁では，警察情報管理システムという全国規模のコンピュータシステムを構築し，捜査活動をバックアップしています．たとえば，

いろいろな要素を犯罪捜査のために"システム化"する

被疑者から採取した指紋・掌紋や犯人が現場に残したと思われる指紋・掌紋を，データベースに登録した指紋・掌紋と自動的に照会する指掌紋自動識別システム，犯罪の発生状況や犯罪の手口などを地図上に表示して，そのほかの情報と組み合わせて総合的に分析する情報分析支援システムなどによって，第一線の警察活動を支えています．

　近年では，サイバーテロや標的型メール攻撃，先端技術などを盗みだすことを目的として行われるサイバーインテリジェンスなど，情報通信技術が浸透したことによる新たな犯罪の脅威も増してきました．その脅威と戦うために，サイバーフォースと呼ばれる技術部隊も設置されています．また，犯罪に使われたスマホやコンピュータなどの電子機器に保存されているデータが，重要な客観的証拠となる場合が多くあります．したがって，電磁的記録の解析のために，その解析技術や手続きなどが必要となります．これは，デジタル・フォレンジックと呼ばれています．聞きなれないことばですが，電

子鑑識とでも覚えておけばよいでしょう.

　また，これからは，AI（人工知能）の力を借りることも必要でしょう. 生体認証*は，特に注目する技術です. シカゴ警察の犯罪者検索システムには，450万人もの登録があり，デジタル画像からコンピュータが人を識別してくれるそうです. これは，顔認証技術と呼ばれますが，生体認証の中では信頼度が高いといわれています.

　かつては，警察組織の中にばらばらに散在していて，相互間の連係が不十分であった犯罪捜査についての要素を密接に関連づけて，犯人を逮捕する，あるいは犯罪を予防するという共通の目的のために，効果的に統合されて，運用されています.

農業システム

　この本の初版で，「日本の農業は曲がり角にきており，その近代化がわが国の経済全体につながる重要な課題であるといわれています」と，書きました. 50年たった今でも，どうやら当時の状況とあまり変わっていないように思います. 農水省の統計によれば，個人で農業を営む方の総収入は626万円ですが，肥料や農薬などの経費に452万円かかっているため，農業所得の平均は174万円にしかすぎません. また，組織に雇用されている方はどうかというと，国税庁の業種別平均給与のデータによれば，農林水産・工業の平均給与は298万円で，最も高い化学工業の約半分です. 諸外国と比べて

　＊　生体認証はバイオメトリクス認証ともよばれ，人間の身体的な特徴や行動的な特徴の情報を用いて個人を認証する技術のことです. 顔はもちろん，音声，DNA，網膜，虹彩，まばたき，歩行などが，情報として利用されます.

の労働生産性の低さは依然としていわれていますし，単位面積当たりの収益の低さも同様です．

　政府は農林水産物および食品の輸出額 1 兆円超という目標を掲げましたが，肝心のそれを担う方たちの高齢化という問題も出てきています．生産者の 80 % 近くが，60 歳を超えているそうなのです．サラリーマンでいえば，定年を迎えて再雇用を受けようか，第二の人生を謳歌しようかという年齢なのに，その方たちが大多数を占めているわけです．

　農業のシステム化とは，いったい何でしょうか．2009 年の農地法改正によって，最近でこそ株式会社などの一般の法人が参入するようになりましたが，2018 年時点でようやく 3,000 を少し超えた程度で，まだまだ零細農家が多いのが実態です．そのため，それぞれの意思で農作物を生産し，生産物の流通や販売は JA や仲買人まかせで，生産計画との間に直接の結びつきはありません．また，水や土地の利用にしても，まだまだ昔からの因習にとらわれたままのようです．つまり，農家，水，土地，生産物，貯蔵，加工，輸送，販売など，農業を形づくっているたくさんの要素がてんでんばらばらで，その組合せがあまり効率的ではないのです．だから，なかなか生産性が向上しないのです．その結果，都会では大根 1 本が 200 円もして奥さんたちがため息をついているのに，農村では，1 本数十円程度の大根の山を見ながら，農家の人たちがため息をつくようなことが起こるのです．

　そのため，農業を形づくるたくさんの要素を互いに密接に連携させる，つまり，農業をシステム化して，より近代化をはかる必要があるのです．結局，農業も顧客の好みに応じた生産物を必要な量だ

けつくり出すのが望ましいのですから，市場調査も必要でしょう．そして，それにもとづいて，生産量や，その生産を可能にする農業の形態を決めなければなりません．そのための，情報の整備，品質の規格化，生産と出荷との調整などを行なう必要があるでしょう．近年では，IT を活用した生産管理システムや自動運転のトラクターなども開発されていて，近代化が加速されているように思えます．けれども，諸外国と較べて，相変わらず肥料や農薬，種は高コストです．また，最大の問題点ではないかと思うのは，生産額と仲買の手数料や輸送費にかかる額，つまり中間マージンが，ほぼ同じだということです．つまり私たちは，農家が生産した価格の倍の価格で農産物を買っていることになります．資材や原材料のコストの削減，サプライチェーンの改善による効率化，情報の共有化など，整備していかなければならないことが山ほどあります．

　従事者が高齢化したうえに，元来，保守的な色彩の強い農村が，農業システムの一要素として吸収されることには，根強い抵抗があるだろうと思います．けれども，それが結局は，自分たちのためなのです．個々の活動を密接に結びつけることが，結局は，個々の欲求をよりよく満たす，というシステム的発想を思い起こしてみるとよくわかります．個々の農家が，農業システムに吸収されるのではなく，農業システムをつくり上げるのです．

決済システム

　農業のシステム化を達成しようとすると，農産物の流通や消費までをこみにしてシステム化する必要があるのでしたが，これは，何

も農産物だけに限ったことではありません．すべての消費財についていえることです．しかも，これだけでは不十分で，多様化した消費者のニーズを満たすために，生産と流通だけでなく，代金の決済まで含めてシステム化する必要があるのです．

　市場は全世界的に広がっています．しかも，消費者の要求は，毎日のように変化しています．その要求をすばやく的確に察知して，どのような商品を，いつ，どこへ，どれだけ送ればよいのか，メーカー，問屋，小売店で情報を共有しなければなりません．もちろん，それに応じられる態勢を整えなければなりません．物が動けば，あちらこちらで代金の決済が行われます．市場規模が大きくなると，代金の決済をてんでんばらばらに行っていては，その手数もばかになりません．そのため，生産，流通だけでなく，代金決済までも相互に関連づけてシステム化することは，必然でもあったのです．

　決済の手段も方法も多様化してきています．電子決済の普及によって，20年ほど前までは，小切手やクレジットカードをインターネットによる通信によって電子化したものを電子決済と呼んでいました．これに加えて，近年になって電子マネーが登場してきました．スマホを使ったモバイル決済，QRコードやバーコードを読み取って決済するコード決済など，多岐にわたってきました．これらが成り立つのは，通信手段の普及や通信技術の高度化はもとより，システム化があってのことです．

　残念ながら，国のほうは，システム化が圧倒的に遅れています．2018年の豪雨災害時に，物資の調達・輸送がうまくいかなかったことを受けて，2019年に内閣府が「物資調達・輸送等支援システム」というものの開発に着手しましたが，現状の課題としてあげられて

28

いるものを見て，正直あきれてしまいました．「電話・FAX 等のやり取りが中心」「在庫が把握できず必要な物資量がわからない」などです．民間企業でいえば半世紀も前の議論ではありませんか．お役所仕事とはよく言ったもので，これでは，おちおち非難もできません．

物流システム

　流通・決済のシステム化が進んだことによって，商品の発注や，その情報の伝達・生産計画や輸送計画の作成，代金の決済などの効率が，桁ちがいによくなりました．けれども，いずれにしろ，商品は，必ず消費者の手元まで運ばれなければなりません．消費者が自ら運ぶにしても，配達専門の業者が輸送するにしても，コンピュータの威力を十分に活用した流通・決済システムの中で，ここが泣きどころです．ちょうど，いくら技術が進歩しても，戸別配達のところが合理化できなくて困っている新聞と似ています．新聞のほうは，各紙ともに電子版ができて，いずれ戸別配達から主役の座を奪うかもしれませんが，商品の輸送のほうは，小売店が冷蔵庫をメールで送信して，それを受信した家庭が，電子データから冷蔵庫をつくり出すわけにもいかず，困ったものです．

　そのため，商品配送の効率をぐんと上げなければなりません．そこで，輸送のシステム化の必要性が生まれたのです．今では，大型トラックが空車のままで長距離ドライブを楽しむ姿を見ることはありませんが，だいぶ以前は，トラックの荷台にまだ空きのある状態で配達に出かけ，空っぽの状態で帰ってくるようなことがありまし

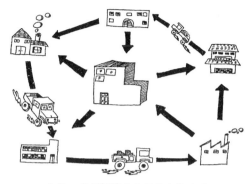

トラックの経路をシステム化する

た．もったいないことです．コースの半分を空車で走っていたのですから……．

　ところで，物流とはなんでしょうか．日本産業規格(JIS)によれば，「包装，輸送，保管，荷役，流通加工及びそれらに関連する情報の諸機能を総合的に管理する」(JIS Z 0111：2006「物流用語」)となっています．つまり，単に物を運ぶだけでなく，情報システムまで含めて，多岐にわたっているのです．まさに，システムです．そして，いかに効率よく配達するかはもちろん，いかに早く届けるかも重要です．そのために，物流センターが拠点，拠点に設置されています．現在，家にいながらにしてインターネットで注文して，早ければその日のうちに，ほぼ配送料無料で届くというところまできています．しかも，注文した商品が，いまどの地点にあって，どれくらいの時間で届くのかもわかるようになっています．昔では考えられなかった大根やナスなどの生鮮食料品までが宅配で届くようになり，これこそ，システム化のなせるわざでしょう．

　高度化する物流システムですが，インターネット通販が隆盛を迎

え，戸別配送が急増したため，深刻なドライバー不足におちいりました．消費者に商品を届ける最終段階では，どうしても人海戦術的な面がでてきます．指定の場所に届けても，相手先が不在であれば持ち帰って改めて届けるという無駄なことも，避けては通れません．効率のよい配送のために，入念な配送ルートなどが計画されても，そのとおりになるとは限らないのです．コロナの渦中に「置き配」が話題になったことがありましたが，他人によって持ち去られるという事件もあり，アメリカのように当たり前の世の中にはならないでしょう．少子高齢化時代になり，今後ますます，ドライバーの人材確保がむずかしくなってくるものと思われます．ドライバーを確保しようとすると，とうぜん待遇改善がはかられ，コスト高につながります．少ない人手で効率よく配送を行なうために，ライバルといわれるような同業者間での協業も選択肢の一つだと思います．そんななか，注目されるのは，ドローンやロボットによる配達です．すでに実験が行なわれているので，そのうち，注文した商品が空から届くようになるでしょう．また，トラックは自動運転，そこからロボットが家まで届けるとというのも，そう遠くない将来だと思います．

通勤システム

朝の通勤時の電車の混みぐあいは，常識をこえています．この殺人的な通勤地獄に対して，よく暴動が起こらないものだと，いつも感心しています．満員電車の中では，男と女が，こんなに公然と体を押しつけあってよいものだろうかと思うぐらいで，どこかの女性

の体のふくらみがはっきりとわかることがよくあります．これをひ
そかに楽しんでいるフシがあり，これが暴動が起こらない理由だと
いったら，怒られるでしょうか．

　ともあれ，通勤地獄は，個人にとっても企業にとっても国家に
とっても大きなエネルギーの消費であることに変わりはありません．
何とかしたいものです．都市交通は世界中で大きな問題になってい
ます．都市部で生活する人がふえていることが最大の理由のようで
すが，各国とも，なかなか妙手は見つからないようです．

　日本にも，国土交通省に交通政策審議会というものが設けられ，
いくつかの分科会に分かれて議論が行われ，提言もなされています
が，ズバリ決め手となるような名案はなさそうです．そこで，通勤
システムについて，一つの提案をしてみたいと思います．一笑に付
されるかもしれませんが……．

　通勤をシステム化するオーソドックスな方法は，もちろん，電車
やレールやバスなどの交通に関するすべての要素をシステム化する
ことです．悪名高い通勤地獄を解消するために，行政機関も JR も
私鉄も地下鉄も，全力をつくしていて，投入できる資金の範囲では，
まあまあの線まで成功しているといわざるをえません．通勤時の列
車ダイヤのつまりぐあいは，世界的な驚異といわれるぐらいなので
すから……．

　それでは，通勤者のほうをシステム化してしまったらどうでしょ
うか．各人がかってに通勤するので通勤地獄が生ずるのですから．
各人の通勤を関連づけて，互いに楽をしようではないか，というわ
けです．その第一歩が時差出勤です．学校は 8 時から授業を始め，
工場は 9 時に作業開始，オフィスは 10 時からというように，出勤

時間をずらせば，ラッシュの山は平坦になって，通勤天国とはいかないまでも，地獄は避けられるという発想です．一見，いかにも合理的です．一応，JRもオフピーク通勤を呼びかけていますが，思うにまかせないようです．緊急事態宣言時に，時短も含めて時差通勤を行なう企業もありましたが，宣言の解除後には，元の密の状態に近くなってしまいました．時差出勤に協力すると，家庭では，7時に出発する子供に朝食を食べさせ，9時に出勤する亭主にも朝食を準備することになり，女房族はとてもたいへんです．いくらできた奥様でもストレスがたまるでしょうし，気づかいしてくれるとは，とても思えません．企業のほうにしたところで，工場は9時から17時まで，本社は10時から18時までというのでは，本社と工場間の情報のやりとりができない時間が1日に2時間も発生してしまいます．したがって，時差出勤によって通勤システムを成立させようとすると，家庭システムや企業システムがわりを食うかんじょうになり，社会全体としてどうもうまくないのです．

　私の八方破れの提案はつぎのとおりです．勤め人は，職場の近いところに住居を求めるか，住居に近いところに職場を求めるかの努力を，一応はします．けれども，住まいに近いからというだけの理由で職場を決められるものではありません．また，本社機能や中央官庁は東京に集中していますから，いくら職場に近いところに住みたいと思っても，都内に家を持つことは簡単ではありません．そのため，大宮の住民が横浜まで通勤し，その逆に，横浜の住民が大宮まで通勤しているという，職と住のミスマッチが起こります．これほど極端でなくても，両国に住んでいて川越まで通っている，大宮に住んでいて銀座まで通っているようなケースは，いくらでも見つ

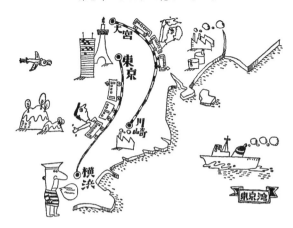

　かります．そこで，八方破れの提案というのは，大宮の人と両国の
人との住まいの交換です．こうすれば，お互いに通勤時間は半分く
らいに減ります．通勤途中のひそかな楽しみが減るのは残念かもし
れませんが，通勤のエネルギー・ロスがぐんと減り，時間も浮くの
で，人生の生産性が向上することうけ合いです．

　住居交換の斡旋を国や自治体が積極的にやってみてはどうでしょ
うか．アパートの住人も，マイホームの住人も，ぜんぶ対象にする
のです．とてもめんどうで簡単にはできない仕事のように思えます
が，住民基本台帳のネットワーク（住基ネット）を利用すればたいし
てむずかしい仕事ではありません．勤め人のほうも，おれの家のほ
うが，むこうより坪100万円は高いはずだなどと，がめついことを
言わないで，大きな度量で積極的に協力するのです．1日に1時間
も得をすれば，坪100万円は20年もしないうちに十分に取り戻し
てしまうはずです．各人の給料で確かめてみてください．

　この提案は，各人がてんでんばらばらに選んでいる通勤区間を互

いに関連づけて，より楽な通勤をするという共通の目的を達成するためのものですから，通勤をシステム化するための提案ということができます．

自然システム

システムは，もともと，たくさんの要素が互いに関連を持った複雑な集合体を対象とした概念ですから，スケールの大きい話が多いのですが，とりわけスケールのでかい，その代わり，いくらかぶっそうな話を紹介しましょう．

自然は，それ自体が巨大なシステムです．人間も含めておそろしくたくさんの要素が，互いに複雑な関連を持ちながら自然を形成し，非常によくバランスのとれたシステムを形成しています．このシステムの目的が何であるかは，人知を持ってはかりしれず，古今東西を通じて哲学の大きな命題になっています．

ところが，かつて，この自然システムを人間にとって都合のよいようにつくり変えようという試みがなされたことがありました．もう70年以上も前の話ですが，旧ソ連が行なった「自然改造計画」です．

自然改造計画は，灌がいによってシベリアの広大な土地を沃土化し，緑豊かな大地にしようという壮大な計画でした．立派な計画ですが，しかしこの計画の進行中，その危うさをうったえる学者がいました．いわく，北極海には沿岸の河川が流れ込んでいるから，海の表面の塩分が少なくなって結氷する．これが流れ込まなくなると北極海に氷がなくなって，その結果，北半球の降水量がぐっと変化

地球システムの改造には十分な注意を！

し，アメリカは砂漠化するというものでした．また，日本の近くでの低気圧の経路が北へかたより，日本の降水量も変化する可能性が高いという指摘もされました．幸い，この計画は体制の変化によって頓挫しましたが，アラル海という，その当時，世界で4位の広さを誇った湖が世界17位にまでなり，20世紀最大の環境破壊といわれています．

　人知を持ってはかり知れない自然システムを大きく改造しようというときには，その結果がどういう影響を与えるのか，じゅうぶん注意しなければなりません．いま，南米のアマゾンを筆頭に，世界中で熱帯雨林が大量に伐採されています．環境への影響を承知の上で，経済発展のためにブラジル政府が農耕地にすることを黙認しているという見方がありますが，もう一つ，環境に対する誤った考え方によるものだと思っています．CO_2削減のために，化石燃料をやめてバイオエタノールにしようということで，熱帯雨林を農耕地にして，トウモロコシなどが栽培されるようになりました．植物の蒸

散によって，たくさんの水分が大気中に放出されます．もし，インドの2倍もの面積があるアマゾンの熱帯雨林が消失してしまったら，どうなってしまうでしょうか．世界中が砂漠化するという方もいます．それになにより，たった1台のSUVを動かすために，アフリカの子ども1年分の食料を使うなどとは，おかしな話ではありませんか．人工的な所産が自然システムをどう変えてしまうのか，じゅうぶん注意しないと，思いがけない結果によって，自然システムからとんでもないしっぺ返しを受けることになります．

　さて，自然改造計画がひとたび悪用されると，これは大変なことになります．ある学者が，自然現象を利用した新しい戦争が起こりうるとして，地球物理戦争の危険性を説いたことがありました．たとえば，台風の進路を変えて温帯地方の国を攻撃したり，南極大陸から大量の氷山を海へ押し出して大津波を起こし，海岸にある敵の都市を壊滅させることなどができる，というのです．つまり自然システムを少し変化させて，台風，地震，洪水，かんばつ，寒波などの自然現象で敵を攻撃する国が出る可能性があるというのです．幸いにしてこのような戦争は起こっていませんが，大雨やいつまでも消えない山火事など，近ごろ，大きな自然災害が後を絶ちません．この被害の大きさを見ると，くれぐれも地球物理戦争などというものが起こらないでいてもらいたいものだと思います．

第 *3* 章

システムの成りたち

正しく思考されたものであるかぎり，それは必ず明瞭な表現をとる
　　　　　　　　　　　　　——ニコラ・ボアロー＝デプレオー
　　　　　　　　　　　　　　　　　　（17 世紀フランスの詩人）

システムの階層

　「多くの要素が互いに関連を持ちながら，全体として共通の目的を達成しようとしている集合体」をシステムと呼ぶ，と書いてきました．ところが，この "全体として" というところがくせものです．

　ここに，資本金 10 億円，従業員 800 人の会社があるとします．特殊な精密光学機器をつくっているユニークなメーカーです．社長以下 800 人の従業員と，1 棟の本館と，3 棟の工場と，1 棟の倉庫，日本建築のクラブ，体育館，数百台の工作機械，たくさんの検査機器，何台かのコピー機，数百台のパソコン，就業規則，などなど，たくさんの要素が集まって互いに関連を持ちながら，全体として利益をあげるとともに，従業員も豊かになり，社会の発展にも貢献しようという目的の達成に努めています．ですから，この会社自体が一つのシステムを構成していることは明らかです．

　この会社の中身を，もう少し詳しくのぞいてみましょう．この会

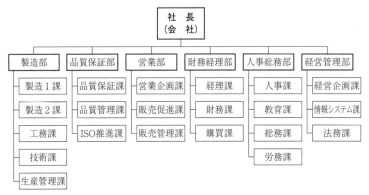

ある精密光学機器メーカーの組織図

社の組織を調べてみると、図のように経営管理部のほかに、5つの部があって、それぞれ関連を持ちながら、会社の目的を達成するために足並をそろえています。その中の一つ、人事総務部に注目してみましょう。部長以下35名の従業員がいて、会社の目的を達成しやすいように、人的資源を確保し、質を向上させ、適材適所に配置し、気持ちよく働いてもらえるように努力しています。人事総務部に属する35名の従業員や設備などが、互いに関連を持ちながら、全体として人事総務部の目的達成に努めているのですから、人事総務部もまた、一つのシステムということができます。

　ところで、人事総務部に属する教育課についても、同じことがいえそうです。課長以下9名の精鋭が、本館2階の日当りのよい部屋に陣どって、大きなホワイトボードと1台のコピー機、1人1台割り当てられたパソコンなどを使いながら、会社の一員としての素養を与える新入社員教育、管理職や中堅社員への教育、気合いを入れるためのしごき合宿、仕事をさせながら技能を高めていくための

OJT（On the Job Training），そ
れから，QC 手法教育などを通じ
て QC サークル活動を促進するな
ど，幅広い活動を行なっています．
一口にいえば「従業員の質を向上

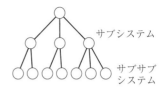

させる」という目的に向かって，すべての要素を集結させているこ
とになり，りっぱに教育課システムということができます．

　こういう見方をしたとき，会社システムに対して，人事総務部シ
ステムや品質保証部システムは**サブシステム**であるといい，人事総
務部システムは，教育課システムや労務課システムなどのサブシス
テムで構成されているということができます．なお，会社システム
に対して人事総務部はサブシステムであり，教育課や労務課は，ま
た，そのサブシステムなので，教育課や労務課は会社システムの**サ
ブサブシステム**であるという言い方をすることもあります．この理
くつでいけば，サブサブサブシステムや，もっとサブがたくさんつ
いたシステムもあることになりますが，用語として使われるのは，
サブサブシステムぐらいまでのようです．

　よく観察してみると，多くのシステムは，このような積み重ねの
形をしていて，システムの**階層構造**またはツリー構造と呼ばれてい
ます．そして，この階層構造は，上へも，下へも，非常に遠くまで
伸びています．たとえば，いま例にあげた会社は，他の会社ととも
に産業システムを構成し，産業システムは，政治システムなどとと
もに日本社会システムを構成しています．そして，日本社会システ
ムは人間社会システムのサブシステムであり，人間社会システムの
上には生物システムがあり，その上には地球システムが，またその

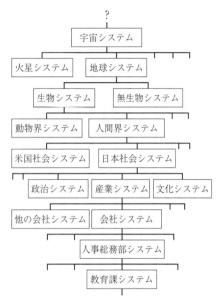

上には宇宙システムがあり，さらにその上には，人知を持ってははかりしれない他のシステムがあるのかもしれません．

　もう一つ例をあげてみましょう．自動車は，それ自体，たくさんの部品から成りたつシステムですが，階層を上と下へ伸ばしてみると右ページの図のようになっていることに気がつきます．

　こういうわけですから，全体としてというとき，どの "全体" を考慮の対象とするかによって，システムの範囲が決まることになります．そして，その "全体" の中には，さらに小さな "全体" があって，それがサブシステムを構成しているというわけです．

　システムの階層構造は，しかしながら，いろいろな見方があります．たとえば，自動車は自動車輸送システムのサブシステムであると同時に，レジャーシステムのサブシステムと見ることもできるでしょう．人間社会システムのサブシステムとしては，日本社会とかアメリカ社会とかを選ぶのも一つの見方ですが，資本主義社会システムとか社会主義社会システムの一段階を追加することもできそうです．何を期待してシステムを眺めるのかによって，ニュアンスの

かなり違う階層構造が描き出
されることになります.

システムの階層と
価値観

　システムの階層構造を認識
することは, システムの感覚
を身につけるため非常に重要
です. なぜなら, 階層をどの
レベルでとらえるかによって,
価値判断の基準が大きく異な
ることが多いからです.

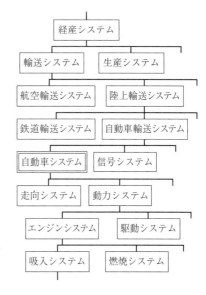

　バラの木などにアブラムシの大群を見ることがあります. 繁殖力
が強く, 枝の分れめなどにびっしりとしがみついているのですが,
ここへテントウ虫が現われると大殺りくが始まります. 生きたまま
のアブラムシをよりどりみどりで, むしゃむしゃと食べだすのです.
アブラムシの社会にとっては, テントウ虫は天敵です. きっと, "悪"
の見本になっているにちがいありません. けれども, 生物システム
の立場から見ると, 食う奴が悪いのでも, 食われるほうがかわいそ
うなのでもありません. アブラムシをテントウ虫が食い, それをカ
マキリが食い, それを小鳥が食い, それを猛禽が食い, 猛禽が死ん
で残した肉が植物のこやしとなり, その植物をアブラムシが食うと
いうめぐりあわせによって, 太陽エネルギーを利用して無機物から
有機物をつくる植物を中心として, 太陽エネルギーが食物という形

で生物の中をつぎつぎに転送されていく食物連鎖をつくりなしているわけです．テントウ虫がアブラムシを食うのをやめ，猛禽が小鳥を獲るのをやめたら，この自然の調和がくずれ，結局は，アブラムシも小鳥も生存できない自然になってしまうでしょう．

　余計なことかもしれませんが，人間の遺体を火葬にするのは，ひょっとすると生物システムのために不都合なことかもしれません．水葬して魚に食わせたり，鳥葬して鳥の餌にしたり，土葬して植物の肥料にしたりするほうが，生物システムとして自然なのかもしれないと，考えたりします．

　価値について議論するとき，システムの階層をとり違えたり，混同したりすることがよくあります．これでは意見の一致を見るはずがありません．個人よりは家族が，家族よりは国家が，国家よりは人類が，システムの階層としては上です．階層の上のほうが重要だといいたいのではありません．ふつうの個人にとっては，その反対の順序で重要です．ただ，個人レベル，家族レベル，国家レベル，人類レベルで，当然ものの見方も価値観も異なるべきだ，といいたいのです．人類システムの目的が何であるかは，とてもむずかしい問題ですが，人類全体が繁栄することだとしてみましょう．そうすると，戦争で殺し合うのも目的達成に貢献しているという議論が出そうです．すべての生物は，闘争によって弱者を淘汰し，種族の質を向上させていることは明白な事実なのですから……．一方，家族レベルで考えれば，父や兄や息子の生命を奪うかもしれない戦争は，とんでもない罪悪です．

　わが国の経済成長政策に大きな足跡を残した故池田勇人首相が「大きな政策の前にいくつかの中小企業が倒産し，5人や10人の自

殺者が出たとしてもやむをえない」という意味の失言をして，大臣のポストを追われたことがありました．これも，国家レベルの価値観をそのまま家族レベルの階層に押しつけようとした「階層のとり違え」があったからにほかなりません．

　会社レベルの価値判断と，部レベルの価値判断と，課レベルの価値判断とは，だから，異なるのが当然です．そして，そのどれをも理解できるのが望ましいし，なかなかむずかしいことですが，それができるように日頃から心がけるべきです．上の階層での価値判断ができないと「視野の狭い」判断しかできないし，下の階層での価値観を理解できないと「物わかりが悪い」というそしりをまぬがれません．各階層での価値観を理解したうえで，必要な階層での判断をまちがいなく下す必要があります．課長が係員の価値観で課の決定を下し，物笑いの種になるのもみっともないし，かといって，課長が妙に思い上がって，自分の課をつぶしてしまうのが会社のためだというような考え方をするのも，自分の子どもはできが悪くて人類のためにならないから殺してしまえ，と考えるのと同じくらいこっけいで，おそまつな話です．

　システムの階層をちゃんと区別し，階層ごとの価値判断を正確に行なうことは，すぐれたシステムをつくり出すための重要なポイントです．すぐれた自動車をつくろうとするとき，「すぐれた」の意味を正しく理解するためには，自動車システムより上位の階層，つまり，自動車輸送システムの中での「すぐれた自動車のあり方」を理解し，さらに，鉄道輸送システムなどとの関連において，陸上輸送システムにおける「すぐれた自動車輸送システムのあり方」を認識する必要があるのです．

インプットとアウトプット

　しつこいようですが，システムは「多くの要素が互いに関連を持ちながら，全体として共通の目的を達成しようとする集合体」です．ですから，まず“要素”とは何かを考察してみる必要があります．ちょっと，まわりを見回してください．要素(エレメント)という言葉に該当しそうなものが，いくらでも見当たります．何でもよいのですが，電球について考えてみましょう．電球は，電灯の笠や，スイッチや配線などとともに照明システムを構成していますから，電球が照明システムの“要素”であることはまちがいなさそうです．

　電球は，電力を食って，光と熱を出します．あたりまえのことですが，これを図に描くと左のようになります．こういうとき「電球という**要素**は，電力を食って光と熱を出す**機能**を持っている」というとらえ方をします．そして，要素に入ったものを**入力**(インプット)といい，要素から出てきたものを**出力**(アウトプット)といいます．つまり，電球は，入力として電力をもらい，出力として光と熱を出す機能を持っている，というわけです．

　身の回りのものを，かたっぱしから，こういうとらえ方をしてみてください．オルゴールはどうでしょうか．

　　　入力……ゼンマイを巻くという仕事

　　　出力……音を奏でるという仕事

　歯ぶらしは，

　　　入力……動かすという仕事

　　出力……歯をきれいにするという仕事

　テレビは，

　　入力……電力と電波に託された情報

　　出力……画と音と字の情報

　あなた自身は，

　　入力……食物，外界から受け取るたくさんの情報など

　　出力……排泄物，外界に送り出すたくさんの情報と力による仕
　　　　　　　事など

というぐあいです．

　　システムの中でその要素が
どんな役割を果たしているか
を考察するとき，その要素は

どのような入力を受け取り，出力として何を出しているかを調べる
と，その要素の役割が明らかになります．しかし，本当をいうと，
入力と出力を正しく把握することは簡単ではありません．たとえば，
さっきオルゴールは「ゼンマイを巻くという仕事」を入力とし「音
楽を奏でるという仕事」を出力とする機能を持っていると書きまし
た．けれども，もっと細かく調べると，入力も出力も，これだけで
はないことがわかります．入力には「ゼンマイを巻く仕事」のほか
に，オルゴールが存在する空間が必要です．その空間が与えられな
ければ，オルゴールは存在できないし，出力することもできません．
それに，下に落ちないように支えてくれる力も入力として必要です．
一方，出力は「音を奏でる仕事」ばかりではなく，アンティークと
しての価値を生む時代や作者についての情報も重要な出力です．置
物としての形や色も出力ですし，机の上の紙が風で飛ばされないよ

46

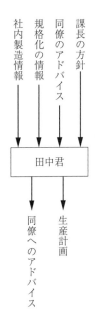

社内製造情報
規格化の情報
同僚のアドバイス
課長の方針

田中君

同僚へのアドバイス
生産計画

うに紙の上にオルゴールを置いた場合は"重さ"も出力として考える必要があるでしょう.

　どんなにつまらないものでも,入力と出力をたんねんに調べていくと,意外に複雑なものです.まして,一人の人間のように,それ自体が複雑なシステムを一つの要素と考えるとき,入力と出力が何であるかを列挙するのはたいへんむずかしいことです.けれども,あるシステムの構成員としての要素を調べるときには,そのシステムの目的達成にいくらかでも関係がありそうなことだけに限定して,入力と出力を検討すればよいはずです.たとえば,田中君が所属する課をシステムと考えるときには,田中君への入力や田中君からの出力のうち,課の目的達成に関係のないものは無視してよいはずです.ですから,食べ物やアイドルの結婚の情報などの入力は無視し,また,排泄物やゲームへの愛の言葉などの出力は無視して,たとえば図のように入力と出力を整理することで,田中君が課システムで果たしている役割を理解することができます.

要素の結びつき

　またまた,しつこいようですが「多くの要素が互いに関連を持ちながら,全体として共通の目的を達成しようとする集合体」がシステムです.さて「互いに関連を持ちながら」とは何でしょうか.関

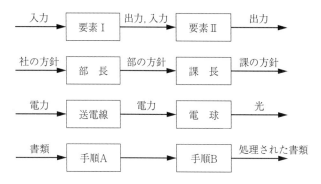

係の持ち方を調べてみる必要があります.

　いちばん単純な関係は上の図のような場合です. 要素Ⅰからの出力が, そのままぜんぶ要素Ⅱの入力となる場合で, **直列結合**といわれますが, 順列結合という人もいるようです. もちろん, 厳密にいうと, こんな単純な関係はめったに存在しません. けれども, 前に書いたように, システムの目的達成に関係がある入力と出力だけに限定して考えれば, 直列結合とみなせるケースが多くあります. 図のように, 一人の部長が一人の課長に方針を与え, その課長が課の方針をつくり出している場合, 送電線で送られてきた電力が一つの電球を灯している場合, 手順Aが終わったら手順Bに移る場合などは, 直列結合のモデルで表現することができます.

　つぎに, 次ページの図のように, 二つ以上の要素が同じ入力を得て, それぞれの出力を出す関連の持ち方を**並列結合**と呼んでいます. 家庭に電力を届ける送電線は一本ですが, 家庭の中でいくつかの電球が同じ入力を得て点灯している状態は, 並列結合の典型的な例でしょう. 部の方針が何人かの課長に伝達されて, それぞれの出力が出されたり, 二つの手順が並行して進められたりする場合も並列結

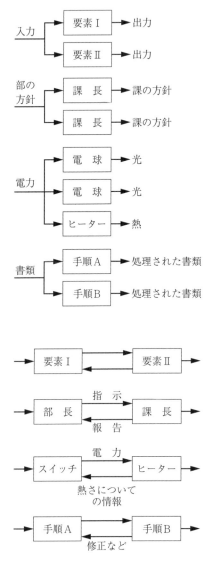

合に相当します．なお，入力が同じでも要素が異なれば，ふつうは異なった出力が出てきます．

　実際のシステムでは，要素間の関係は直列と並列だけではありません．左下図のように，二つの要素がそれぞれ入力と出力を交換しあっている結合のしかたもあります．これは，**フィードバック結合**と呼ばれます．この結合のしかたは，実は非常に重要なのです．

　どこの家庭にもある電気コタツは，自動で常に快適な温度を保ってくれます．ヒーターの部分に温度センサーが組み込まれていて，温度が低ければ通電して温度を上げ，設定温度に到達したら，電気を止めて温度を下げます．これを繰り返して細かくコントロールしているのです．このように，

「いきすぎている」とか「まだ足りない」かを自ら調べ，目標値に近い状態をつくろうとする仕掛けを**自動制御**といいます．この図のような結合がフィードバック結合といわれるのは，目標からのズレの情報がフィードバックされるからです．

　フィードバックは，システムと並んで，第二次世界大戦後に工学の分野に現われたもっとも重要な概念だといわれています．システムの概念もそうですが，フィードバックの概念は，工学の分野ばかりでなく，すべての分野に大きな影響を及ぼしています．

　部長からの指示は，課長からその結果についての報告があって，その結果にもとづいた追加の指示があってこそ，適切なものになります．この報告は指示に対するフィードバックです．ある計画にもとづいて開発を始めた新製品は，開発の過程で当然のことながら新しい事実を発見します．その時点で，新しい事実の情報も加えて計画を再検討し，修正の必要があれば計画を修正していくのがよい新製品を生み出す秘訣です．新事実の情報が計画にフィードバックされるのです．

　本当をいえば，部長の指示が完璧であり，新製品の開発計画が100点であれば，フィードバックの必要がないことは確かなので，フィードバックが不必要であるにこしたことはありません．けれども，神ならぬ身で100点は無理というものです．そうであるなら，すべての行為にはフィードバックの精神が必要なはずです．ところが，フィードバックの思想はわれわれの身についていないように思えます．いろいろな手順を決めた社内規程や標準類には，AをやったらBを，BのつぎにはCを……と一連の順序ばかりが決まっていて，フィードバックにもとづく修正の思想がまったく見られない

ものが多くあります．さらに，計画を修正すると無定見だとさげす
まれるし，途中で不必要だと気がついても「乗りかかった船だから」
というわけで，いさぎよく中止することができにくいムードがいっ
ぱいです．

　なお，システムの要素は，人であったり，物であったり，手順で
あったりします．目に見えるシステムは物の集まりであり，つまり，
ハードウェアです．けれども，多くのシステムでは，ほんとうにシ
ステムの価値を支えているのは，物がどのように使われるかという
利用技術，つまり，ソフトウェアです．ソフトウェアは，手順の組
合せですから，システムの要素として，手順は物にまさるとも劣ら
ない重要性を持っています．

ブラックボックス

　どのようなシステムについても，要素間の結びつきを調べてみる
のが，システムを理解するための第一歩です．その結びつきには直
列結合や並列結合やフィードバック結合があって，これらが複雑に
入り混っているのがふつうです．複雑なシステムでは，何となく眺
めていたのでは要素間の関連がよくわからないため，ある要素がシ
ステムの中で果たしている役割がよくわかりません．そういうとき
には，要素間の関連を図に描いてみてください．次ページの図は，
自動車の動力システムをブロック図に描いてみたものです．動力シ
ステムの成りたちが良くわかるではありませんか．

　ところで，人間を含んだもっと複雑なシステム，たとえば，生産
工場システムをブロック図に描こうとすると，こんな簡単なわけに

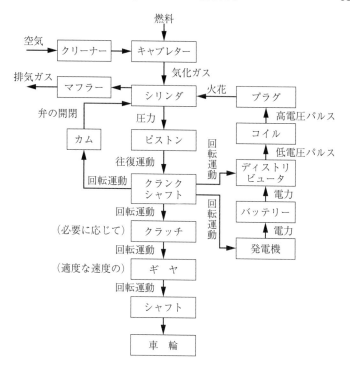

はいきません．こういうシステムでは，材料や製品などの物の流れ
と，指令や報告などの情報の流れが複雑に混りあっているからです．
そのときには，情報の流れだけに着目するとか，物の流れだけを取
り上げるとかしてみると，割合にブロック図は，描きやすいものです．
　それでも，まだ，よくわからないことがあります．この"わから
なさ"には二つの種類があります．一つは，要素間の関連が複雑す
ぎてよくわからない場合です．たとえば，会社システムを調べるた
めに，販売管理課サブシステムについてブロック図を描きたいと
思ってみます．販売管理課の塚本君や恭子さんたちは，互いに協力

商品 → 販売管理課 → 売上げ

しあいながら結構うまくやってい
て，課としての成果も上がってい
るのですが，塚本君や恭子さんた
ち相互間の関係がどうもよくわかりません．こういうときには，無
理をする必要はありません．販売管理課の中身はわからないままに
して，販売管理課への入力と販売管理課からの出力を上の図のよう
に描いてしまえばよいのです．こうすれば，会社システムを調べる
のには，一応は間にあいます．もう少していねいに，入力には市場
情報や生産情報などを，出力にも市場情報などを加える必要がある
かもしれませんが……．

　こういう考え方を**ブラックボックス**といいます．箱の中で何が起
こっているのか知らないけれど，とにかく，その箱自体の機能はこ
うだ，といったとらえ方です．ジュースの自動販売機に 500 円玉を
入れると，ジュースとおつりとが出てきます．けれども，500 円玉
を入れたとき，販売機の中で何が起こっているのかを詳しく知って
いる必要はありません．そんなことは知らなくても，自動販売機で
ジュースを買うことは誰にでもできるからです．ふつうの人にとっ
て自動販売機は，ブラックボックスということができます．

　いまの例は，要素間の関係がよくわからないので，細かい関係に
は立ち入らずに，わかる範囲をブラックボックスにしてしまったの
ですが，ときにはその反対に，あまり細かいところまでわかりすぎ
ているために，ごちゃごちゃしてしまい，かえって全体の構成がわ
かりにくくなることもあります．たとえば次ページの上の図を見て
ください．これくらいなら，要素間の関係がわからないことはあり
ませんが，ちょっとごみごみしていて，システム全体を大局的に理

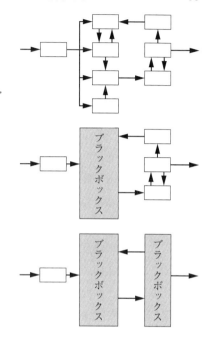

解するには不便です．こういうとき，中央の図のように，四つの要素を一まとめにしてブラックボックスとみなすと，ずいぶんすっきりして見やすくなります．さらに，下の図のようにまとめれば，もっと単純になります．けれども，その代わり，ブラックボックスの中身はわからなくなってしまいます．つまり，細かいところをブラックボックスで隠してしまうと，中身がわからなくなるという不便さはでますが，その代償として，大局的な理解がしやすくなるのです．

　ブラックボックスの考え方は，システムを理解するのにかなり重要な位置を占めています．システム的な考え方では，いつも全体として考えるわけですから，一つひとつの構成要素については，必要以上に知る必要はありません．日本人は好奇心が旺盛で，これは非常に貴重な性格なのですが，裏目にでると細かいところまで何でも知りたがるため，かえって全体を見ないことが，ままあります．「木を見て森を見ず」の諺を思い出してください．

機　能

　一つの要素でも，いくつかの要素を一まとめにして．ブラック
ボックスと考えた場合でも，システムの中で，この要素がどういう
働きをしているかを判断する決め手は，入力と出力でした．つまり，
要素にとって本質的に重要なことは，どういう入力を受け取って，
どのような出力を出すかという"機能"です．その機能を果たす要
素が，人間であるか機械であるか，大きいか小さいかは，システム
の立場から見れば重要なことではありません．

　ですから，システムの成りたちを検討するとき，物体に目を奪わ
れないで，機能に注意しなければなりません．たとえば，人体シス
テムについていえば，頭とか腕とか胴体とかの物体が目につきやす
いので「人体は，頭と腕と胴体と脚とで構成されていて……」とい
う発想をしやすく，人体解剖学も，人体の器官や組織を研究するこ
とに重点が置かれています．しかし，人体をシステムとして解明す
るために必要なものは，構造ではなくて機能です．心臓は左右の肺
の間にあって，約 300 グラムの重さがあり，左心房，左心室，右心
房，右心室の四室に分かれていることが重要なのではなく，1 日に
約 150 kcal のエネルギーを消費して，約 7,200 ℓ の血液を送りだす
機能を持っていることがたいせつなのです．

　物体にとらわれずに機能に関心を持つと，目的達成についての思
考の幅がぐっと広くなります．自動車という物体にとらわれたまま
では，従来の自動車の枠から飛び出すことはできません．自動車の
目的が"移動"という機能であることに着目すれば，そこから"移
動"のためのいくつかの手段が思いつくはずです．トヨタ自動車は，

2018 年の決算説明会において，「自動車をつくる会社」から「モビリティカンパニー」にモデルチェンジすると宣言しました．そして，「モビリティカンパニー」とは，世界中の人々の「移動」に関するあらゆるサービスを提供する会社であると説明しました．つまり，世界を代表する自動車メーカーが，「自動車製造業」から「移動サービス業」へとビジネスモデルを転換することになったのです．近ごろよく聞く MaaS(Mobility as a Service)* などは，移動という機能に着目したからこそ生まれたのでしょう．移動するという機能をよりよく達成するために，という発想から芽生えたものだと思われます．

　システム工学は創造工学とほぼ同意語だ，という学者もいるぐらい，システム工学では"創造性"を重要視します．創造は，いままでの物体にとらわれずに，必要な機能は何かに焦点を合わせるところに芽ばえる，と私は思っています．たとえば，洗濯機という物体にとらわれているうちは，いろいろなアイデアが出されても改良が加えられる程度で，結局は洗濯機です．けれども「汚れた衣服や布類をきれいにする」という機能に着目すれば，貸し布団や貸しおしぼりも，需要者にとってはその機能が果たされていることになるし，さらに，機能の裏にある「いつでも清潔な衣服を着たい」という需要者の意向を察知したことによって，使い捨ての下着にも思い及んだのでしょう．そして，びっくりするようなアイデアに到達すれば，めでたし，めでたし，です．

　＊　国土交通省によれば，「MaaS とは，ICT を活用して交通をクラウド化し，公共交通か否か，またその運営主体にかかわらず，マイカー以外のすべての交通手段によるモビリティ(移動)を一つのサービスとしてとらえ，シームレスにつなぐ新たな「移動」の概念」ということです．

　あとで詳しく述べるつもりですが，システムを設計する場合には，要素やシステムの機能に着目して，その機能を省くことができないか，別の機能で代用できないか，その機能を果たせるものには何と何があるか，そのうちどれが良いか，などを考察することが，重要なポイントになります．

環　境

　システムの要素の組合せがごみごみして，大局的なシステムの姿が把握しにくいとき，いくつかの要素をたばにしてブラックボックスとみなすと，システムの構成が単純な姿として理解できるのでした．ところで，ブラックボックスでおおいかくす範囲をどんどん大きくしていったら，どうなるでしょうか．ついには，下の図のように，システムが一つのブラックボックスになってしまいます．これが，もっとも大局的に見たシステムの姿です．この図をじっと見つめてください．どこかで見たことがありませんか．45ページにこれと同じ図があったはずです．けれども，45ページの図では，「システム」の代わりに「要素」という文字が入っていました．つまり，どんなに大きなシステムでも，見方によっては，それをもっと上位のシステムの要素と考えることができるし，小さな要素でも，もっともっと小さな要素で構成されたシステムとみなすことができ，すでに述べたシステムの階層構造を形づくっていることがわかります．

　けれども，こんな議論ばかりしていても始まりません．自動車システムを検討するのに，ずっと上

の階層のシステムまで考えて，宇宙システムのあり方が解明されるまでは，軽々と自動車システムを設計することができない，などとうそぶいていても，らちがあかないに決まっています．そこで私たちは，私たちの関心の的であるシステムを検討するとき，そのシステムだけをクローズアップすることにします．このシステムの入力は，本当は，もっと上位のシステムの一員として，他のシステムからもらい受け，出力は他のシステムへ送り出しているのですが，そこまでていねいに考えないで，外部から入力をもらい受け，外部へ出力を送り出している，と割り切ることにします．この“外部”のことを**環境**と呼びます．

　システムは必ず環境の中にあります．環境という用語は，気温や湿度や静けさなどの自然環境を連想させますが，システム工学で使用される環境の概念は，もっと広い意味を持っています．そのシステムに入力を与え，出力を受け取るものの総称だからです．ですから，あるシステムの環境は，簡単には書きつくせないほど，多方面にわたります．たとえば，腕時計システムにとっての環境は，暑さ，寒さ，湿度，振動などの環境のほか，1日に何回時刻を見てもらえるかや，時刻を示す以外の機能，つまり装飾品としての機能がどれだけ期待されているかなどは，すべて環境の一部です．

　けれども，システムについて検討するとき，環境のすべてを考慮する必要はありません．ちょうど，たくさんのインプットとアウトプットのうち，システムの目的達成に関係がありそうなものだけに限定してよかったのと同様に，環境についても，システムの目的達成に関係があるものだけを取り上げてやれば十分です．腕時計システムにとって，身につけてくれる人が美人であってもそうでなくて

も，腕時計の目的達成には関係ないので，容姿は環境の一部であっ
ても，腕時計システムを検討するにあたって取り上げてやる必要は
ありません．

　多くの場合，環境はつねに変化します．ですから，あるシステム
への入力は，つねに変化しているし，出力も変化しなければなりま
せん．年々，この変化の激しさが増していますが，変化のテンポや
激しさについていくためには，システムの内部をどうすべきか考え
ることが，時代を生きぬくために必要な知恵です．企業や組織の体
質改善が叫ばれ，新製品開発の重要性が強調されるのも，すべて環
境変化の激しさに原因があるのです．

システムの目的

　もう一度，しつこいようですが「多くの要素が互いに関連を持ち
ながら，全体として共通の目的を達成しようとしている集合体」が
システムです．このうち「全体として」を調べ，「要素」の役割を
考察し，「互いに関連」がどのように持たれるのかを学んできました．
最後に，もっともやっかいな仕事なのですが，「共通の目的」とは
何かを考えてみる順番になりました．

　自動車システムの目的を考えてみましょう．「早く，安全に，気
持ちよく，経済的に目的地へ行ける」ことが目的のようです．中に
は「目的地へ行く」ことではなく「走る」ことだという方もいるか
もしれませんし，ナンパの道具だとか，走るペットだとかいう，け
しからん方もいるかもしれません．

　けれども，こういういい方は，システムの真の目的をとらえてい

"運ぶこと"が目的，"気持ちよく"は目的ではない

ません．「早く」について考えてみると，時速60kmなら目的を達しているが，時速40kmなら目的を達していない，という限界があるわけではありません．ときによっては，時速10kmでもがまんするし，場合によっては時速100kmでも十分ではありません．「安全に」はどうでしょうか．安全なほどよいには決まっていますが，速く走る以上，いくらかの危険は覚悟のうえです．「気持ちよく」にしても，「経済的に」にしても，この値以上でないと目的が達成されないという絶対的な基準はありません．すなわち，本質的な自動車の目的ではないのです．本質的な目的は「移動」です．自動車は，人か物かを移動させることができれば，多かれ少なかれ目的を達することになります．

　「早く」や「安全」や「気持ちよく」は，いずれも「移動」という目的をどれだけぐあいよく達成しているかの評価要素にしかすぎません．私たちは，ともすると目的と評価要素をごちゃまぜにする傾向があります．システムについて考えるときには，評価要素でない純粋な目的を抽出する必要があります．「移動」という純粋な目

的を抽出できれば，「移動」する目的を達成しうるいくつかのシステム，たとえば，ベルトコンベアとか，ベビーカーとか，フォークリフトとかを候補にあげて，「早く」「安全に」や「気持ちよく」の評価要素について比較検討し，自動車システムが最もよく目的を達成することができるという理由で，通常の陸上輸送には自動車が最も適していると結論づけ，自動車システムを採用する筋書きになるわけです．目的を達成しうるいくつかのシステムを候補にあげて，そのうち最もよく目的を達成できるシステムを選択する手順は，システム設計のオーソドックスな方法であり，あとで，もっと詳しくお話しするつもりでいます．

　純粋な目的を抽出するためには，そのシステムに要求されている役目は何か，を考える必要があります．たとえば，自動車に要求される役目は「移動」ですし，洗濯機の役目は「衣服類をきれいにする」ことです．教育課の役目は「従業員の質を向上させる」ことですし，製造部の役目は「仕様書どおりの物をつくり出す」ことです．これらの役目がそのシステムの目的です．役目は何かと質問すると，ちゃんとこれらの役目を答えるのに，目的は何かと質問すると，「生地を痛めずに」とか，「早く，正確に」とかの評価要素をつけて回答する人が多いのはなぜでしょうか．目的という単語が割と漠然としているためかもしれません．

　また，目的と手段のとりちがえにも注意する必要がありそうです．洗濯機の目的は「きれいにする」ことであって「洗う」ことは手段にすぎないのですが，うっかりすると，洗濯機の目的は洗うことだと思いがちです．

　システムの目的には，ときとして，主目的以外に，二次的な目的

が存在することがあります．自動車の目的には「移動」すること以外に「ナンパする」があるかもしれませんし，腕時計の主目的は，もちろん「時刻を示す」ことですが，装飾品の機能も要求されているかもしれません．けれども，システムを考えるときには，目的はできるだけ整理して，主目的と二次的な目的との区別を，ちゃんとつけておかなければなりません．日本人は，このへんの割切り方がへただといわれています．なにしろ，660 cc のエンジンで，全長が3メートルそこそこの軽乗用車に，大のおとなが4人も乗って，そのうえ，トランクにはゴルフ道具一式まで入れようというお国がらですから，なんでもかんでも欲張る傾向があります．そういう意味では，高級スポーツカーに徹したランボルギーニや豪華さを主目的にしたロールス・ロイスなどに，学ぶ点が多いように思えます．

　家庭の照明システムや自動車システムとか会社システムのように，人間がつくり出したシステムは，もともと目的があってつくり出したのですから，その目的を理解することはさしてむずかしくありません．二次的，三次的な目的とごちゃごちゃにならないように頭を整理しておけばよいだけです．むずかしいのは，人間システムや自然界システムのように，人知を上回る存在を対象とした場合です．ある学者は，システムの目的は，上位の階層のシステムに奉仕することだといっています．人体の消化器システムの目的は人体システムに奉仕することであるというのは納得がいくし，人間の個人の目的は人類システムに奉仕することだというのもわかるような気がしますが，人類システムは生物システムに奉仕し，生物システムは自然界システムに奉仕するのが目的だ，といわれると，簡単には賛成できません．それに，この議論をおしすすめると，人類の発展のた

めには，人間どおしの闘争が行なわれて，弱者が淘汰されるのが望ましい，という結論に到達しそうで，心配です．

　私は，システムの目的は，上位の階層のシステムに**アウフヘーベン**（Aufheben）することだと考えています．アウフヘーベンは，ヘーゲル弁証法の概念の一つで，否定と保存の両方を同時に表わしています．たとえば，水素と酸素は化合して水になると，それぞれの独立性は否定されるけど，水の中に不可欠な要素として保存されるように，自らを否定することによって，より高次の存在を確保する，というような意味です．

　それにしても，人為的でないシステムの目的が何であるかについては，システム工学からはみ出して，哲学や宗教の問題であるようです．

　システムが人為的につくり出されたものか，人類の意志とは関係なく自然に存在するものであるかによって，人類の立場から見れば，かなり異質なものに思われます．そのため，人工的なシステムと自然界に存在しているシステムとを区別する必要があるでしょう．

システムと人間

　システムは，いつでも人間と関係があります．正確にいえば，人間と関係のないシステムもないことはありません．たとえば，天体望遠鏡でも見ることができない宇宙のかなたには，ひょっとすると，人類よりも進歩した生物がたくさんのシステムをつくっているかもしれません．それほど空想的でなくても，太平洋の数千メートルの深海には，人類とはほとんど関係のない自然のシステムが現に存在

するでしょう．けれども，人間と関係のないシステムを論議の対象としても，ほとんど何の価値もないように思えます．ですから，思考や論議の対象となるシステムは，いつでも人間と関係があると考えてよいのではないでしょうか．

システムと人間の関係には，二つの場合があります．人間がシステムの構成要素である場合と，人間がシステムの環境である場合です．たとえば，自動車による輸送システムでは，自動車の運転をするのは人間ですが，これはシステムの構成要素です．そして，道路を歩いている人間は，自動車輸送システムにとっては環境です．また，住宅システムについていえば，大工はシステムの構成要素ですし，住人は環境です．

システムを解明するためには，どうしても人間を解明する必要があります．人間を解明する努力は，多分，人類が文化を持ちはじめた古代から続けられているにちがいありません．しかし，結局"人生は不可解"ということになってしまいます．システムにおける"人間"は，こういう大問題を解決しなければどうにもならないかというと，そういうわけではありません．人間の"機能"を解明すればよいのです．そのためには，**人間工学**や**行動科学**などの学問が役にたちます．

人間工学は，エルゴノミクス（Ergonomics）とかヒューマンファクター（Human Factors）とも呼ばれますが，その歴史は古く，1850年代にまでさかのぼります．手足の動く範囲，手足の動きの速さ，視界など，人間の機械的な動作の研究からはじまり，その結果が作業工程の改善や作業標準の設定に利用されました．けれども，人間を単に機械と見なしたこのやり方は，あまり上等ではなく，人間を

情報系やフィードバック系を備えた精巧なシステムとしてとらえていこう，という方向にシフトしていきました.

国際人間工学連合では，人間工学のことを「システムにおける人間と他の要素との相互作用を科学的に理解する専門分野」と定義しています. すなわち，人間の身体的な特性や精神的な特性を理解して，人間とシステムの要素を同等にとらえ，仕事，機械，環境，社会システムなどとの相互作用をあるべき状態に改善したり，修正したりして，適正な状態にする科学といえるでしょう.

一方，行動科学のほうは，1950年ころに，条件反射的な人間の行動から研究がはじまりました. そして，生活体(人や動植物)の欲求，動機づけ，学習習慣などと行動の関係などが研究されていくようになりました. 行動科学が対象とする領域は，心理学，脳神経科学，行動分析学，社会学など多岐にわたっています. 人間の意識の内部構造を情報系としてとらえ，そこからコミュニケーションや意思決定のメカニズムなどを探求しようという試みが行われています.

人間の"機能"は，いまだ研究されつくしているわけではありません. システムの構成要素としての人間，システムの環境としての人間の機能を浮き彫りにすることは，非常に重要なことです. また，人間と機械という，異質のものを含んだシステムは，それぞれの長所を活かし，欠点を補い合うことで，良いシステムにすることができるのです.

第 *4* 章

システム完成

人間が賢いのはその経験に応じてではない.
経験に対する能力に応じてである
——ジョージ・バーナード・ショー
（20 世紀イギリスの劇作家）

システム研究

システムは，多くの要素が互いに関連を持ちながら，全体として
共通の目的を達成しようとしている集合体，だと書いてきました.
そうすると，システム工学は，このようなシステムを合理的に設計
し，運用するための理論と手法だ，ということになります. システ
ム工学の定義は，必ずしも統一されたものがあるわけではありませ
ん. 残念ながら認知度も低いうえに，システム工学という言葉が単
独で使われることも少なく，たいてい情報システム工学，経営シス
テム工学，宇宙システム工学などのように，頭に修飾語が付いて使
われています. システム工学は，システムを合理的に設計し，運用
するための理論と手法だ，といって終わりにしてしまったのでは，
けっきょく何のことだかよくわかりません. システム工学のイメー
ジを明らかにし，あわせて"システム"の印象を鮮明にするために，

**システム設計の第一歩は"願望"を"目的"として
定着するところから始まる**

システムが誕生するまでの過程を，具体的な例で追いかけてみま
しょう．身近な小さなシステム，たとえば，自動車システムや住宅
システムを例にとってもよいのですが，どうせたとえばなしなら，
スケールの大きいほうが景気がよいので，首都圏の通勤輸送システ
ムを考えてみることにします．

　多くの場合，システムが設計される初期には，何のために，どう
いうシステムをつくり出す必要があるのかが，非常に漠然としてつ
かみどころがないのがふつうです．いつまでたってもラッシュア
ワーは改善されないが，何とかならないのかな，というような程度
です．

　そこで，システムをつくり出す第一歩は，願望に近い形で表現さ
れている欲求を明確な目的としてとらえ，システムを意識するとこ
ろから始まります．「たくさんの勤め人を，毎朝，家庭から職場へ，
毎夕，職場から家庭へ運ぶ」という目的を持った通勤システムをつ
くるのだ，というように認識するのです．通動システムのような国

家的な事業の場合には，通勤地獄解消に対する世論の高まりに刺激
されたり，有能な政治家や行政の指導者の頭の中に，通勤によるエ
ネルギーの損失は国家的にマイナスであるとの問題意識が芽ばえた
りして，行政の実務家に対策の検討を指示し，行政の実務家が，問
題解決のために通勤システムをつくろう，と明確に意識することに
よって始まるでしょう．

　彼の頭の中には，当然，それに関するいくつかの要検討事項が浮
かんできます．現在の通勤システムは，どこに欠陥があるのだろう
か．将来，通勤者の数はどのように推移していくのだろうか，新し
い通勤システムをつくるなら，いつごろ完成することを目標にして
計画をつくる必要があるだろうか，この計画全体にどのくらいの費
用が投入できるだろうか，とりあえず，もう少し詳しい計画をたて
るのに，どういう人たちを何人ぐらい集めてチームをつくったらよ
いだろうか……．

　そこで彼は，国家予算の一覧表を持ち出します．日本の国家予算
のうち公共事業関係費は 7 兆円ぐらいだから，首都圏の通勤システ
ム対策に重点的に支出するとしても，1 年にせいぜい 2 〜 3 兆円程
度の予算が限度だろう．常識的にいえば，財政投融資も含めて年間
1 兆円が限度かもしれない．65 歳以上の就業者がぐんと伸びたこと
で就業人口はふえている．だから短期的には伸びていくだろうが，
人口減少社会になったので長期的には減少するかもしれない．しか
し，一極集中は解消されるだろうか．その場合の首都圏の人口分布
の推移は？　鉄道による定期券利用者の数は？

　何人かの有識者の協力を得たり，いろいろな書物や統計を調べた
り，外国の実例を問い合わせたりして，何週間かを費やして作業し，

68

彼は一つの報告書をまとめます．その報告書はきっと，つぎのような内容を含んでいるでしょう．

(1) 問題の提起——首都圏通勤の問題点を指摘し，通勤システム設計への第一歩を踏み出す必要があることを訴えている．

(2) 通勤システムには，たとえば鉄道と自動車を組み合わせる方法，自動車用ハイウェイと動く歩道を組み合わせる方法，ドローンと自動車を組み合わせる方法などがあるだろう，というように，いくつかの通勤システムのイメージが描かれている．

(3) 詳しくシステムを設計するために，たとえば，交通機関の専門家，道路行政の専門家，オペレーションズ・リサーチ(OR)の専門家など，何名かのチームを編成する必要性を説いている．

(4) システムが完成するまでの期間をだいたい示している．

(5) システムが完成するまでに必要な経費を大まかに見積もっている．たとえば，最初の2年間には，システムを設計するための経費として約500億円，つぎの5年間でシステムをつくるために約1兆5,000億円というように．

この手順は，システムの設計に入る以前に，システム設計に入ることを決心するための基礎的な調査に相当します．この部分はシステム研究などと呼ばれることがあります．この段階で検討する範囲は，対象とするシステムの規模や，システムをつくることの緊急さの度合いに応じて，その幅も深さも異なります．したがって，ここからここまでをシステム研究という，と一概に定義することは適当ではありませんが，1〜10名ぐらいのグループが，数日ないし数カ月ぐらいかかって行なう程度の調査，研究をさすのがふつうです．

システム合成

　システム研究の結果，システムの設計をもっと本格的に行なう必要があると決定されたとします．通勤システムの例でいえば，報告書を読んだ行政の指導者が，確かに首都圏の通勤システムを設計してみる必要があると判断し，必要な設計チームを編成して必要な予算も準備し，システムの設計を指示します．

　集められたメンバーは，OR や信頼性の専門家，鉄道の技術者，自動車の技術者，情報処理の専門家，通信の技術者，数学者，法律の専門家，それに数名のシステムエンジニア*です．もっとも，オーケストラの指揮者も，たいていは一つぐらいの楽器は相当にこなせるように，システムエンジニアたちは，何かの専門技術を持っているのがふつうですし，それに，オーケストラの演奏者の一人ひとりが，指揮についても一応の知識は持っているように，他の専門技術者たちも，システム的な感覚とシステム工学についての素養を身につけた人たちが選ばれます．

　この人たちの第一の仕事は，通勤システムに関係ありそうな，ありとあらゆる知恵を出すことです．すでに実動している現在の通勤システムにこだわったり，こんな奇想天外なことを言ってもしかたがないと，尻込みしたりしてはいけません．通勤システムの目的は，「たくさんの勤め人を毎朝，家庭から職場へ，毎夕，職場から家庭へ運ぶ」ことです．ずっと前に書いたように，時差出勤によって互

---

　*　近ごろは，システムエンジニアというと IT 関連のエンジニアと思われていますが，本来システムは，もっと幅広い一般的な概念です．システム＝コンピュータではありません．有名な生産管理の仕組み「トヨタ生産方式」は，Toyota Production System と呼ばれているようにです．

いに楽をしたり，住宅を交換して通勤距離の総和を小さくしたりするのも一つの方法ですが，ここでは，現在の通勤者の行動はそのままとして，その通勤者をうまくさばくシステムを設計するものとしてみましょう．つまり，前に書いたときには，通勤者の行動もシステムの要素として取り扱ったのですが，今度は，通勤者の行動は環境であるとして，システムの設計を行なってみるわけです．

　まず，「移動」に着目してみましょう．「移動」という機能を発揮できる乗り物を片っぱしから列挙してみます．

鉄　道	リニアモーターカーから鈍行まで
地下鉄	特急から鈍行まで
自動車	大型バスから一人乗りの超小型車まで
空飛ぶクルマ	ドローンタイプからセスナタイプまで地上も空も自由自在
飛行機	ジャンボジェットから一人乗りのヘリコプタまで
動く歩道	
モノレール	懸垂式だの跨座式だのいろいろある
ロープウェー	高層ビルと駅とを結ぶ
ホバークラフト	
船	運河を掘って

　まだまだあるでしょう．人力車や馬まで動員する必要はないでしょうが，健康志向によってふえているロードバイクなどは挙げる必要があるでしょう．開発途上や研究途上のものまでも，列挙する必要があります．

　いま列挙した乗り物は，すでに現存しているものです．しかし，

こんな乗り物はできないだろうか

　この人たちに要求されている知恵は，現存している乗り物を見落とさずに列挙することだけではありません．現存していなくても「移動」という機能を発揮できるものについても考え出すことが要求されるのです．たとえば，

　　　都心の駅から郊外の住宅地までは，時速200kmの速度でレールの上を走る細長い列車だが，郊外のある地点で，この列車がこま切れに分解されてたくさんの空飛ぶクルマになって，くもの子を散らすようにマイホームに向かう乗り物

なども考えられるかもしれません．

　システムの設計に従事する人たちには，したがって豊かな**創造力**が要求されます．創造力は，先天的な能力によってかなり差があるようですが，最近では，創造力を養うためのいろいろな方法が開発されていて，努力と訓練しだいでは，誰でも創造力の向上が期待できるようになりました．**ブレインストーミング法**，**NM法**，**KJ法**

など，いくつかの方法が開発され，活用されています.

　さて，移動する機能を発揮するための乗り物を列挙したら，つぎは情報伝達の方法を片っぱしから列挙します.首都圏の通勤者は数百万人もいて，それが北からも南からも職場へ移動するのですから，乗り物は一台ですむはずがありません.どんな乗り物を選ぶにしても何千台，何万台の乗り物が必要でしょう.そうすると，たくさんの乗り物の動きをシステム化する必要があります.そのためには，どの乗り物が，いま，どこを，どの方向に，どれだけの速さで移動しているかの情報を集めて，それらの動きが最適になるようにコントロールしなければなりません.どうしても情報の伝達が必要です.乗り物の位置の情報を集めるためには，

　　　乗り物から無線で発信させる

　　　乗り物から有線で発信させる

　　　乗り物から超音波を出させる

　　　人工衛星からの電波を使って位置を知る(GPS)

　　　レールや道路にしかけをして乗り物の情報を集める

など，いくらでも方法が考えられます.乗り物の位置の情報が集まれば，その変化のぐあいから，乗り物の速度や移動の方向なども計算することができます.そして，何千，何万の乗り物が互いにぶつかりあったり，一カ所にばかり集まりすぎて混雑したりしないように，コントロールする必要があります.瞬間瞬間に変化する何千何万の乗り物に，巧みに指示を出して動きをシステム化するには，もちろん，コンピュータの力が必要です.

　また，コンピュータがはじき出した指令を乗り物に伝達するための方法も，たくさん考えられます.そして，受け取った指令を実行

する手段もたくさんあります．自動的に乗り物の速度を変化させる
方法もあるでしょうし，操縦者の手動によって指示どおりの速度を
守るやり方にも，捨てがたい味があります．さらに，乗客の乗降設
備をどうするか，料金の集め方をどうするか，などなど，たくさん
の問題についても，片っぱしからアイデアを出します．創造技法な
ども利用して，思いきったアイデアをどんどん出してください．ア
イデアが出そろうと，すぐれたシステムを考え出すための準備完了
です．

　乗り物サブシステムについても，情報伝達サブシステムについて
も，乗降設備サブシステムについても，たくさんのアイデアが出さ
れます．各サブシステムから一つずつの案を選んで組み合わせれば，
一つの通勤輸送システムが完成するはずです．たとえば，

　　　乗り物は，郊外ではバス，郊外と都心を結ぶのは地下鉄，都心
　　　では動く歩道
　　　情報伝達は，無線と GPS を利用
　　　乗り物のコントロールは，レールと道路からの信号で自動的に
　　　乗降設備は，すべて動く歩道
　　　料金徴集は……

というのも一つの通勤システムです．こうして考え出される通勤輸
送システムは，べらぼうな数になるはずです．10 のサブシステム
のそれぞれに 10 の案があれば，その組合せは 10 の 10 乗で 100 億
種類にもなります．つまり，100 億種類ものシステムが考え出され
るのです．

　システムについての，あらゆる要素や知識を列挙し，その組合せ
でたくさんのシステムを考え出すやり方をシステム合成などといっ

ています.

システム分析のスタート

　システム合成で，たくさんのシステム案が考え出されました．私たちは，その中から，最良の一つを選び出さなければなりません．まず，常識的に不可能なものや，欠点の大きすぎるものを切り捨てます．ここで，この「常識的に」というところが問題です．明治時代の常識では，空を飛ぶことは不可能であったのですが，現代では誰でも簡単に空を飛ぶことができるではありませんか．車まで空を飛ぶ時代です．数年後，あるいは十数年後につくられるシステムの良し悪しを判断するための常識は，未来の常識でなければなりません．首都圏通勤システムが建設される数年後の技術水準はどのレベルなのでしょうか．このシステムが活躍する 10 ～ 30 年ぐらい先の将来，首都圏の文化水準や住民の意識はどうなっているのでしょうか．これらをちゃんと見通した常識で，システムが選択される必要があります．そのためには，**予測**の技術が必要ですし，技術や経済などの未来予測ばかりでなく，もっと広範囲で高度な次元から未来を研究する必要もありそうです．

　システム合成で考え出されたたくさんのシステム案から，常識的に欠点の大きすぎるものを捨て去っても，まだまだたくさんのシステム候補が残ります．たぶん，数十ぐらいの候補が残るでしょう．この候補については，めんどうでも直感にたよらないで，もう少し詳しい比較検討を行ないます．このシステムの目的は，移動することです．そして，その目的がいかによく達成できるかで，システム

の優劣が決まります．目的がいかによく達成できるかを判断する基準を評価要素という，と前に書きましたが，首都圏通勤輸送システムについての評価要素は何でしょうか．主要なものとしては，

　　システムを建設する費用

　　システムを運転する費用

　　利用者にとっての便利さ（いつでも乗れて，混雑せず，乗り心地よく，早く，安全に）

　　信頼性

　　第三者への影響（環境への影響）

　　通勤以外での利用価値

などが考えられます．このうち，前の二つはシステムに投入する費用ですし，あとの四つは，システムから得られる効果です．費用は少ないほうが良いし，効果は大きいほうが望ましいことは言うに及びません．必要な費用に対して得られる効果が大きい，つまり，コストパフォーマンスに優れているのが，よいシステムということができるでしょう．

　数十ぐらいのシステム候補については，それぞれの評価要素について大まかな検討を行ない，比較して，優劣をつけます．費用のほうは単位が円なので定量的な比較が行ないやすいのですが，「利用者にとっての便利さ」などは，なかなか定量的に比較しにくいのがふつうです．ゆっくりと腰かけての 1 時間と，立ったまま詰め込まれての 30 分と，どちらが通勤者にとって便利なのか，判断がつきにくいからです．けれども，何らかの基準をつくって各評価要素ごとに採点をして，総合点で優劣を決めるのがふつうのやり方です．そのために，数量化の技術や多変量解析の手法を身につけておくこ

とも必要でしょう.

　こうして数十のシステム案を検討した結果,圧倒的にすぐれたシステムが一つだけ選ばれることもありますが,多くの場合,もっと詳しく調べてみなくては,最後の決断を下せないいくつかのシステム候補が残ります.システム合成で考え出された非常に多くのシステム案のうち,考慮に値しない大部分はすでに捨てられていて,費用対効果の検討が行なわれた数十のシステム案は,常識では,成りたちうると考えられた粒ぞろいだからです.

システムの試設計

　費用対効果を検討してシステム案を厳選した結果,三つの案が残ったとしましょう.この三つの候補の中から,最優秀の一つを選ぶためには本格的な検討が必要です.まず,三つの案について,かなり詳細な設計を行ないます.

　　乗り物は,郊外ではバス,郊外と都心を結ぶのは地下鉄,都心では動く歩道

　　情報伝達は,無線と GPS を利用

　　乗降設備は,すべて動く歩道

　　料金徴集は,……

という通勤輸送システムの例で考えてみましょう.都心の地下鉄駅から郊外に向かってどのように地下鉄網をつくるのが最も望ましいでしょうか.網の目を細かくすれば,地下鉄の電車の数がふえて輸送量が増大するし,郊外のバスは少なくてすみますが,地下鉄の建設費が増大します.既設の地下鉄を利用すれば建設費は節約できま

すが，理想的な姿からは遠ざかります．電車のひん度が多いほうが
輸送量は増大するに決まっていますが，ひん度が多くなりすぎると
運行経費が高くつくばかりでなく，運行のコントロールに多くの費
用を注ぎこんでも，事故の危険性が増加します．通勤ラッシュの
ピークも，季節や曜日やその他の偶然によって，時刻も量も変動し
ます．現在のように発車の時刻表を決めておくのではなく，通勤者
の変動に合わせて運行間隔をきめ細かく変化させることも，コン
ピュータの力を借りればできそうです．けれども，発車時刻が不確
定なのは，通勤者にとって何となく不安であり，利用者にとっての
便利さを減少させるかもしれません．あちらを立てればこちらが立
たず，という問題が山のようにあります．これらを一つひとつ解決
して，地下鉄網と列車の運行計画を最適の姿に決めるためには，た
くさんの技法を駆使する必要があります．

　OR の典型的な問題，たとえば，通勤者がかって気ままに駅に到
着するとき，出札口が少なすぎると時として長い行列ができてしま
うが，出札口の数をふやすと経費が増大する，適当な出札口の数は
いくらか，という**待ち行列理論**．限られた予算を郊外のバスと地下
鉄と都心の動く歩道にどのように割り当てると最大の効果が得られ
るかという**割当問題**．郊外のバスが5カ所の団地を回って駅に向か
うとき，どの順序で回るのが最も効果的であるかという**輸送問題**，
列車のダイヤの組み方によって通勤者の行動も変わってくるように，
システムのつくり方によって環境が変化する場合には**ゲーム理論**．
これらの手法がふんだんに利用されます．また，大きなシステムに
なればなるほど，故障や事故が社会に及ぼす影響も大きいので，**信
頼性工学の手法**も十分に活用しなければなりません．また，人間を

含むシステムの設計には，**人間工学**や**行動科学**などの知識も必要で しょうし，**知識工学**や**脳科学**などが活躍する場合もたくさんあります．

　これらの手法や理論は，類型的な問題を解いて最適の答えを見つ けるための手順を教えてくれますが，実際の問題を解いて答えを得 るためには，数学的なテクニックも駆使しなければなりません．代 数学や解析幾何学はもとより，**線形計画法**などの OR の手法も駆使 されます．また，大量の計算が必要となりますが，コンピュータが 大活躍して設計を進めていきます．

　しかし，いろいろな技法を使っても答えが得られない場合も少な くありません．問題が複雑すぎて，類型的な問題として数学的に方 程式として表わせない場合や，方程式として表わすことはできても， その式を解くことがスーパーコンピュータの力を借りてもようやく， ということが少なくないからです．そういう場合には実験をしてみ ます．とはいうものの，地下鉄を建設して列車の本数を変えたり， 運転間隔を変えたりする実験などできない相談です．なにしろ，一 つのシステムを建設するのに 10 年ぐらいの年月と 10 兆円を上回る 経費を要するようなでかい話をしているのですから……．

　そこで，必要な部分のモデルをつくって実験をすることにします． **モデル**なら短期間で実物よりずっと安上りにつくれます．また，実 物とそっくりの模型をつくらなくても，コンピュータ上で実験する ことができます．これをシミュレーションといいますが，いろいろ と楽しい変化に富んでいますので，あとで詳しくお話しするつもり です．

　とにかく，数学的に取り扱いにくいところは実験で補って，地下

モデルを使っての実験を"シミュレーション"という

鉄網と列車の運行計画を最適の姿に決めていきます．そして，ひき続き，郊外でのバスや都心での動く歩道なども，お互いの関連をも含めて最適の姿に設計されていきます．

　乗り物は，通勤輸送システムのサブシステムですが，他のサブシステム，たとえば情報処理サブシステムや情報伝達サブシステム，乗降設備サブシステムなどについても，同じようにたくさんの技法を駆使して設計を進め，これらの総合結果として，一つのシステムの設計が一応，終了します．"一応"というところをご記憶ください．

システム分析

　最優秀の一つの案を選ぶために，最後まで残った三つの案について，一応の設計が行なわれました．それと並行して，それぞれのシステムが完成するのに要する年月と費用とがかなり細かく見積もられます．

日 程 の 見 積 り に は PERT（Program Evaluation and Review Technique：パートと読むのがふつう）という手法が使われます．大きなシステムでは，それを建設する作業の内容が複雑なので，手順をちょっとまちがえても全体の日程計画に大きく影響します．そこで，何と何とが終わったらつぎの作業に進めるかを，一見してわかる形にネットワークで図示し，全体の日程を決めているのはどの作業なのかを見いだして，日程を効果的に計画するとともに，作業の日程管理に利用するために考え出されたのが PERT です．PERT は，日程の見積りにも有効にその威力を発揮します．

そして，システムを建設するのに要する費用と，システムを運行するのに必要な経費も，専門家の協力も得て，がっちりと細かく見積りがつくられます．

これで，三つのシステム案が評価を受ける準備が整ったことになります．三つのシステムのどれが最もよく目的を達成できるかを判断する評価要素は，数十のシステム案から三つの案まで候補をしぼるときの評価要素に，さらにいくつかの項目が追加されるのがふつうです．通勤輸送システムの場合には，75 ページの 6 項目のほかに，

　　国内の技術や資材で建設できるか

　　わが国の技術水準の向上に寄与するか

　　環境の変化につれて容易に改造できるか

などが追加されるかもしれません．三つのシステム案は，これらの評価要素のそれぞれについて評価され，優劣をきそい，ついに，最優秀の一つが選ばれるのですが，今度はシステム案の内容が非常に細かく立案されているので，微に入り細をうがち比較検討すること

ができます．システムの構造をブロック図に描いて各要素やサブシステムの関連の持ち方を検討したり，各要素をシステム化するための情報管理のやり方，つまり各要素からの情報を処理して，各要素の最適な関係を計算し，各要素へ指示を出すためのコンピュータの仕様などを検討したり，情報の流れのフロー・チャートを描いて問題点を摘出したりすると，どの程度「いつでも乗れて，混雑せず」が達成できるかが，直感的にではなく，定量的に評価できます．

　システムの設計に使われた数式やモデルは，システムの動きを表わすものですから，それらを使って，どこかに故障が起こったときの状態を検討することもできます．あるシステムでは，故障が起こってもすぐに代替の手段が発動されてシステムの目的は無事に達成されるのに，他のシステムでは，システム全体が止まってしまうかもしれません．

　システムの設計に使われた数式やモデルだけで十分に評価できないときは，評価をするためのモデルもつくられます．そして，いろいろな条件でのシミュレーションを行ないます．

　システムがいかによく目的を達成できるかを，いろいろな角度から十分に検討し，最優秀のシステム案に軍配を上げることによって，ようやく，首都圏通勤システムの原案ができ上がるわけです．

　こう書いてくると，非常にすっきりと最優秀のシステムが選ばれるように思えます．選考の過程には，なんら文句のつけようがないようです．けれども，ほんとうは，ちょっとした落し穴があるのです．いや，ちょっとしたではなくて，かなり本質的な落し穴かもしれません．それは，こういうことです．

　数ページ前に，ゆっくり腰かけての1時間の通勤と，立ったまま

どちらが重要かわからないことがある

詰め込まれての30分の通勤では，どちらが通勤者にとってありが
たいか判断がつきにくいが，何らかの基準をもうけて採点しなけれ
ばならないと書きました．いくつかの案を比較して優劣をつけなけ
ればならないとき，単位の異なるものを比較しなければならないこ
とが，しばしばあります．500円と1時間とはどちらが貴重なので
しょうか．200メートルだけ余計に歩かされるのと，10分間だけ通
勤時間がふえるのと，どちらがいやでしょうか．単位が異なると優
劣の判定はなかなかむずかしいのですが，単位が同じでも判断に迷
うことも少なくありません．1カ月に1回の割合で30分遅刻をす
るのと，毎日の通勤が10分ずつ余計にかかるのと，どちらが迷惑
でしょうか．10年後の100万円と，今日の10万円と，どちらを選
びますか．いま手に握っている千円札で十分の一の確率で1万円当
たるくじを買いますか．

　システムの優劣を判定して，一つのシステムを選ぶためには，こ
のへんのことについて，誰もが納得のいく考え方が必要です．考え

方の違いによっては，システムの選択が逆転してしまうほど重要な
ポイントです．このポイントに理論づけをしてくれるのが**決定理論**
です．

　ともあれ，システム合成で考え出された数多くの首都圏通勤輸送
システム案の中から，いくつかの分析の過程を経て，一つの原案が
選ばれることになります．システムの内容をいろいろな立場から分
析して，最優秀と判断される一つのシステム案を選択し，決定する
ことを**システム分析**（システムアナリシス）と呼び，システム合成か
らシステムの原案が決定するまでの一連の作業を，**システムの試設
計**，または予備設計，基本設計などと呼んでいます．

　なお，システム分析という用語は，ここでお話しした内容とかな
り異なる意味で使われることも少なくありません．首都圏通勤輸送
システムの例では，まったく新しくシステムを建設するものとして
試設計の手順をお話ししたのですが，現実の問題としては，すでに
現存しているシステムを改良したり，現存のシステムを母体として，
よりスケールの大きいシステムを建設したりすることが少なくあり
ません．そういう場合には，現存のシステムを調査して，その構造
や動きを調べたり，欠陥を指摘したりすることから仕事が始まりま
す．この場合にも，構造のブロック図を描いてサブシステムや要素
間のつながりを調べたり，物や情報のフロー・チャートを描いたり，
システムの動きを方程式で表わしてシステムの特性を調べたり，必
要に応じてモデルをつくり，現存のシステムにはまだ発生したこと
のない現象を起こしてシステムの隠れた一面を明らかにしたりして，
現存システムのほんとうの姿を浮きぼりにします．この作業も**シス
テム分析**と呼ばれます．

システム設計

　システムの試設計の結果，首都圏通勤輸送システムの原案が決まりました．引き続いて詳細設計に入ります．このくらい大きな規模のシステムでは，それをばらばらに分解してみると，何百万，何千万のパーツになります．実際にシステムをつくり上げるためには，この何百万，何千万の部品のすべてについて，寸法や材料や加工方法が設計されなければなりません．この設計のためには，おそらく，数百人のエンジニアが数年間はかかりきりになる必要があるでしょう．試設計の段階では，この十分の一ぐらいの労力で，全体の性能を評価するに足る概略の設計を一応行なったにすぎないのです．

　けれども，試設計の結果，システム全体の概要はすでにでき上がっています．いくつかのサブシステム相互間の関連，すなわち，あるサブシステムは，どのサブシステムからどういう入力をもらい，環境や他のサブシステムにどのような出力を送り出すのか，サブシステムへの費用の割当てはいくらなのか，などの大わくはすでに決まっています．したがって詳細設計では，割り当てられた役割を与えられた費用で最も効果的に達成できるよう，サブシステムの細部について設計を進めていくことになります．サブシステムの設計が進めば，つぎはサブサブシステムの設計に移り，どんどんと細かい部分の設計に入ります．そして数百万，数千万の部品のすべてについて，必要で十分な形と強さを持った部品図面がつくられるまで，詳細設計が続けられます．

　ハードウェアの設計と並行して，ソフトウェアの設計も進めなければなりません．試設計では，たくさんの乗り物や乗降装置などを

最適の状態で運転するためのコンピュータの仕様などについての方針を決め，実行可能であることを立証するところまで作業します．そして，詳細設計では，実際にそのプログラムを完成させる必要があります．きっと何万ステップか，何十万ステップかのプログラムを何本かつくらなくてはならないでしょう．そのほか，情報伝達の符号だとか，各要素のコード化だとか，仕事はいくらでもあります．

　詳細設計でも，試設計で用いられたかずかずの手法が存分に活用されます．部分的なモデルもつくられて，たくさんのシミュレーションが行なわれます．たとえば，地下のトンネルの中を時速200kmで列車が走るとき，トンネル内の空気がどのような悪さをするかを，風洞試験やコンピュータシミュレーションによって調査するでしょう．また，何百，何千の乗り物から連続的に送られてくる情報から，すべての乗り物の位置と速度とを計算して，ある乗り物には減速するよう，別の乗り物には加速するよう適切な指示を出して，最適の状態をつくり出すためのコンピュータ用プログラムのひな型もつくられ，大型コンピュータの中で，そのプログラムの特性もテストされるでしょう．もっと小さな例では，ある高張力鋼の試験片をいくつも引張り試験をして，強さのばらつきを計算したり，動く歩道の上で，かかとの細いハイヒールをはいたジャンボサイズの女性がじたんだを踏んだとき，ベルトに穴ができないかなども試験されるでしょう．

　サブシステム，あるいはサブサブシステムごとに，詳細設計がまとまりしだい，システム分析が行なわれ，欠陥が指摘されたり，より良くするための修正意見が出されたりします．その意見は，直ちに詳細設計にフィードバックされて，必要な手直しが行なわれます．

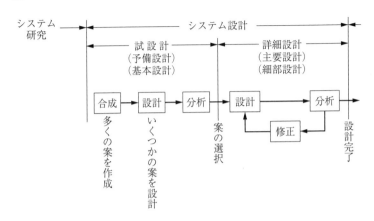

そしてまた，システム分析と設計を手直しし，何度もフィードバックをくり返しながら，設計は一歩一歩と完璧なものに近づいていきます．こうして，首都圏通勤輸送システムの詳細設計が完了し，ダメ押しのシステム分析によってシステムの優秀さが実証されて，めでたく設計完了です．

　システム研究から，ついにシステムの設計が完了するまでの，長い道程を振り返ってみましょう．上の図を見てください．システム研究で，システムに対する問題意識が明瞭な形となり，システム設計の必要性が立証されると，システム設計が開始されます．システム設計の前半は試設計です．試設計では，システム合成でつくられたたくさんの案を，いくつかの評価要素で評価し，いくつかの候補にしぼります．そして，最後まで残った優秀な案について設計と分析が行なわれ，一つのシステム原案が選ばれます．システム設計とは，システムをつくる方法がたくさんあって，その中から一つを選択することだ，といわれることがありますが，たしかにそういう表

現も当たっているようです.

　システム設計の後半は詳細設計(主要設計あるいは細部設計ともいう)です. システムの細部にわたって詳細に設計され, 部分的に設計がまとまるごとに分析され, 修正箇所を手直しして設計にみがきをかけていきます. サブサブシステムでの手直しが終わったら, サブシステムでの手直し, それが終わったらシステムでの手直しと, 分析から設計へのフィードバックが何度かくり返されて, システムはほぼ完璧なものとなって, システム設計を完了します.

　いうまでもないことですが, すぐれたシステム設計とは, コストパフォーマンスにすぐれたシステムをつくり出すことです. ですから, システム設計の各段階では, 常に**価値分析**(バリュー・アナリシス)などの手法を用いての価格管理と, PERT などを利用しての日程管理に, 十分な配慮がなされなければなりません. なお, 近ごろでは, ソフトウェアの開発過程で目的や仕様, 動作などを決める工程のことをシステム設計と呼んでいますが, あくまでも, これは狭義の意味です.

システムの完成

　システム設計が終わると, システムの製造がはじまります. 同じシステムがたくさんつくられる場合, たとえば, 旅客機システムのように, 何十機, 何百機と同じものがつくられる場合には, 数機だけ**試作**してみるのがふつうです. 設計にミスがあったり, 不十分な点があったりして, 欠陥を持った旅客機を大量に製造してしまうことを避けるために, 試みに数機だけつくって実際に飛ばしてみて,

ミスや改善すべき点があれば，量産機では修正しようというねらいです．けれども，首都圏通勤輸送システムのように，システムを一つだけ建設するときには，こうはいきません．ぶっつけ本番で製造が開始されます．

システムができ上がったら，試作機でも，ぶっつけ本番のシステムでも，まずは運転を開始します．お客を乗せたり，製品を生み出したりするのがシステムの本来の目的なのですが，はじめのうちは，実際にお客を乗せたり製品をつくったりせずに，から運転から始めます．たぶん，あちらこちらにぼろが出てくるでしょう．大規模なシステムでは，設計にちょっとしたミスがあったり，組立ての途中にミスがあったりすることは避けられません．神ならぬ人間の産物ですから，万全の注意を払ったつもりでも，どうしても多少の落ち度はあるものです．ぼろが出たら，それを修正します．から運転で自信がついたら，つぎは，なるべく実際に近い状態で運転してみます．代金を取ってお客を乗せる自信はまだありませんから，物好きなお客さんに無料で乗ってもらったり，一般に売り出すことを期待しないで製品をつくってみたりします．またまた，ぼろが出るでしょうから，これも修正します．

こうして，ぼろを出しつくして修正することを**デバッギング**(debugging)といいます．bug は虫，つまり欠陥のことなので，デバッギングは「虫を追い出す」すなわち「欠陥を取り除く」ことを意味します．けっして，コンピュータのプログラムに潜んでいる欠陥を取り除くことに限定されるわけではありません．

試作機なら，これから評価のためのテストを開始します．設計の考え方に誤りはなかったか，各部分は設計どおりの機能を発揮して

くれるかを評価するとともに，量産機で修正すべき箇所を指摘します．評価のテストは，試作機を準備しただけでいきなり始められるものではありません．事前にたくさんの準備が必要です．旅客機の試作機を評価テストする場合を例にとってみましょう．飛行試験が始まるまでに，パイロットや整備員の教育がすんでいなければなりません．飛行中の性能を測定するために各種の計測器材を準備し，測定結果を計算するためのコンピュータプログラムもつくります．試験飛行を行なう飛行場や地元との調整も十分にしておかないと，危険や騒音のために話がもつれて，試験ができなくなるおそれがあります．飛行機を整備したり，飛ばしたりするための器材も準備する必要があるし，燃料や酸素の手配もしなければなりません．

　システムの規模が大きいほど，システムが斬新であるほど，裏方さんの苦労はたいへんです．華やかなシステム完成の裏に，じみで目だたないこまごました仕事がわんさとあることをよく承知しておく必要があります．

　評価のテストが終了し，システムが希望どおりの性能を発揮できる見通しがたったら，いよいよ量産開始です．評価テストの段階で指摘された改良箇所も修正されて，すばらしいシステムがつぎつぎと世の中に送り出され，人類の繁栄に貢献することでしょう．試作機をつくらないぶっつけ本番では，営業開始の前に，実物を使って評価のテストを行ないます．そして修正すべき箇所は修正し，自信のついたところで，営業を開始する運びになります．

　これだけの手順を踏んで，十分な自信を持ってシステムを建設しても，営業を開始してみると，利用者から不満の声がでることも少なくないでしょう．システムをつくり出したのは神の子ならぬ人間

ですから，百点満点のシステムができ上がることはまずないし，利用者は限りない欲求を追求する人間ですから，欲張った要求が出てくることは当然です．人間は一生が勉強だといいます．システムも一生が勉強です．利用者の限りない不満の声は，システムの改良につながり，いずれ，このシステムが他のシステムへと発展的解消をする折には，この勉強結果がきっと反映されることでしょう．

第 5 章

システム工学

どの時代にもそれぞれの課題があり,
それを解くことによって人類は進歩する

——ハインリッヒ・ハイネ
（19世紀ドイツの詩人）

規模の増大と質的な変化

　システム工学の概念が芽生えたころ, システムの要素を見落とさ
ずにじょうずにバランスをとり, 全体として最適の姿にまとめあげ
るのがシステム工学ではないか. そんなことは, 有能な実務家なら
ずっと昔からじゅうぶん考慮して仕事をしている. だから, 何も目
新しいことではない, というような意見がありました. しかしこれ
は, システム工学の本質を理解していない誤った意見であると, 私
は冷ややかに見つめていました. つぎの例で考えてみてください.

　自動車輸送システムの効率を良くすることを考えてみます. 自動
車輸送システムは, ずいぶん多くの要素から成りたっています.
ちょっと列挙してみましょう.

　　　自動車

　　　道路, 橋, トンネル, 交差点, 踏切り

　　信号，標識，カーナビ，ロードマップ

　　給油施設，充電施設，水素充填施設，整備施設

　　荷物の積卸し設備，倉庫，駐車場

　　運転手，助手(モラルも含めて)

　　法律(道路交通法，道路運送法など)

　まだまだあるかもしれません．これらの要素は，互いに密接な関係があります．そして，これらの総合力の結果として，自動車輸送が成りたっています．すなわち"自動車輸送システム"を構成しているわけです．

　これらの要素間の関係は，必ずしもシステム化されているとはいえないようです．その証拠に，道路交通情報センターがラジオでは週8,000回，テレビでは週240回も道路の混雑状況を放送していて，さらに，ホームページ上でほぼリアルタイムに混雑の様子を窺えるのに，1 km 進むのに10分，20分，あるいはそれ以上かかるような交通渋滞が各所で起こっているではありませんか．それでは，道路の絶対量が少ないのかというと，そうでもなく，けっこう空いている道路もあります．これらの要素をどのようにアレンジし直せば，交通渋滞などが起こらず，効率よく荷物の積下ろしもできて，自動車輸送システムが改善されるのでしょうか．また，限られた資源を，どの要素にどれだけ割り当てれば，自動車輸送システムの能力が最大になるのでしょうか．おそらく驚かれると思いますが，日本の都道府県道以上の舗装率は28％程度しかありません．簡易舗装まで含めれば80％を超えるそうですが，これを100％にするには，とてつもない費用が必要でしょうから，道路舗装のためだけに莫大な予算を使うことはできない相談です．かりに，1兆円を自動車輸送シ

規模の変化は，質の変化

ステムの改善に使用するとしたら，どの要素にどれだけ割り当てるのが，もっとも効果的なのでしょうか．たいへんむずかしい問題です．それに，ひょっとしたら，1兆円を自動車輸送システムではなく，海上輸送システムに使ったほうが，国のためになるかもしれません．

　こういう問題についての判断は，政治家の鋭い直観や，熟練した役人のカンによってなされることも，かつては多くありました．システムの規模があまり大きくないときには，それはなかなか有効な方法でした．人間の頭脳は非常にすぐれたコンピュータであり，政治家の直観や経験豊富な役人のカンは，本人でさえ気がつかなくても，本当は，非常にいろいろな計算がなされた結果であり，正解に近い答えを導き出すことができるのです．有能な実務家なら常にシステム的な思考と判断をしている，という主張は，こういう場合に相当します．

　ところが，システムの規模が大きくなると，さすがの頭脳もねを

上げてしまいます．複雑すぎて，どうにも判断がつかなくなるのです．小規模なものの規模がだんだんと大きくなっていくと大規模なものになる，つまり，小規模の延長が大規模であり，同じ対象を取り扱うなら質的には同じものだ，と考えられがちですが，必ずしもそうではありません．規模の大きさが非常に異なると，質的な変化を伴うことのほうが一般的なのです．たとえば，

　　10 個の部品からなるシステム

　　1,000 個の部品からなるシステム

があるとしましょう．両方ともスイッチやコンデンサなどの電気部品が組み合わされた家庭電気製品だと思ってください．規模が非常に異なるだけで，質的には同じように感じられます．ところが，個々の部品がある期間中に故障する確率が 1/1000 で，部品の 1 つが故障するとシステム全体が故障する場合を例にとってみると，つぎのようになります．

　　「部品 10 個のシステム」が故障しない確率　0.99

　　「部品 1,000 個のシステム」が故障しない確率　0.37

となります．すなわち，

　　「部品 10 個のシステム」……ほとんど故障しない

　　「部品 1,000 個のシステム」……故障するほうがふつう

ということになり，明らかに質的に異なります．部品数が 10,000 個だと，システムが故障しない確率はたった 0.00005 ですから，

　　「部品 10,000 個のシステム」……ほとんど確実に故障する

ということになり，故障に関するかぎり，「部品 10 個のシステム」とは，まるで反対の性質を持っていることになります．

　　自動車輸送システムの場合も同様です．政治家や役人の常識で，

各部品の故障率を　　　p

部品の数を　　　n

とすると，np が 10 程度より小さければ，故障の発生確率はポアソン分布で表わすことができ，1つの部品も故障しない確率 R は，

$$R = e^{-np}$$

で表わすことができる．$p = 0.001$ なら，

n	np	R
10	0.01	0.990
100	0.1	0.905
1,000	1	0.368
5,000	5	0.0067
10,000	10	0.00005

となる．

どこをどうすれば，システムの効率が良くなるかを判断することはできません．どんなに優秀な政治家や役人でも，何がどうなっていて，どこをどうすれば良いのか，判断できなくなるのです．

　こういうとき威力を発揮するのがシステム工学です．ブロック図を描いてシステムの構造を明らかにし，フロー・チャートを描いて物や情報の流れを解明し，いろいろな技法を使ってどこを，どうすれば，どうなるか，を科学的に分析し，実務家が正しく判断し，決心することのできる資料を提供してくれます．

むだな機能を排除する

　システムの規模が大きくなるとともに，内容も複雑になり，質的にも変貌をとげ，人間の直感ではそれに対抗しきれなくなってしま

いましたが，それにどう対処したらよいのでしょうか．選べる作戦
は２つあります．

(1) なるべく複雑にしない

(2) 複雑になってもその複雑さが欠点とならない

　まず「なるべく複雑にしない」という作戦はどうでしょうか．も
ともと個々の要素を，てんでんばらばらではなく，互いに密接に関
連づけることが全体としての効率化につながり，その結果が個々の
要素にとっても有利になるというのがシステム化の動機でした．た
くさんの要素を密接に関係づけるのですから，全体として複雑にな
るのは，やむをえないことです．けれども，やむをえないといって
手をこまねいていては，あまりの複雑さのために，何が何だかわか
らなくなり，全体としての効率化どころか，かえって非効率になり
かねません．システム化にあたって，その方法を誤ると，無限の複
雑さをしょいこむことになります．要素の増加につれて，要素間の
関連の数，つまり，要素の組合せの数が，どれほど激しい勢いで増
大するのかを思い出してください．

　そこで，第一に要素の数を減らす努力をしなければなりません．
そのためには，システムの目的を的確に理解し，それを達成するた
めに必要な機能を整理してみることです．そして，この機能を省略
できないか，あの機能はもっと単純な他のサブシステムや要素に持
たせることができないか，と考えてみます．削除できる要素やサブ
システムが，ずいぶん見つかるはずです．

　この本の初版で，パーキンソンの法則[*]を例に，役人の数は増加

---

　[*]　イギリスの政治学者 C. N. パーキンソンは，「役人の数は仕事に無関係に
　　一定の率で増加する」と著書の中で警句を発しています．

の一途をたどると書きました．そのため，国や地方行政システムは
ますます複雑になり，その複雑さに対処するために，またまた役人
をふやす必要がおきていると書きました．初版から50年も経ちま
したが，当時の国家公務員は約80万人，地方公務員は約200万人
でした．では，改訂版を書いている今はどうかというと，国家公務
員は約58万人，地方公務員は約274万人です．たしかに国家公務
員は減っていますが，郵政の民営化や大学の法人化に負う部分が多
く，行政改革の結果とはいえないでしょう．また，地方公務員にい
たっては，70万人もふえています．いまの公務員の総数が約332
万人ですから，約37人に1人，62世帯に1人ぐらいの公務員をか
かえているかんじょうになります．

　国も地方自治体も，財政上，少しでも公務員の数を減らしたいの
ですが，けっこうみんなが相応の仕事を持っていて忙しそうに働い
ているので，どこの人数を減らしても困るように思えます．こうい
うとき，係や課や部の果たしている機能は何か，その機能は省略し
てもよいのではないか，この機能は課でなくて係で取り扱えるので
はないか，あの機能は他の課の機能に含ませることはできないかな
ど，機能のほうから調べていけば，ずいぶんたくさんの人員を減少
させることができるはずです．不必要な機能は削除すれば，行政シ
ステムをスリム化させることができるはずです．

複雑化を防ぐ

　要素あるいは，サブシステムの数を減らすことが複雑化に対する
もっとも初歩的な挑戦ですが，この作戦にはおのずから限界があり

ます．なにしろ，なるべくたくさんの要素を有機的に結びつけることが，そもそもシステム的発想なのですから，要素を抹殺して何の不具合もないのならともかく，ただシステムから要素を追い出して孤立させてしまうのでは，システムの精神に反することになります．それなら，システム工学の真髄は，

(1) たくさんの要素を有機的に関連づけても，なるべく複雑にしない

(2) 複雑になっても，その複雑さが欠点とならない

と書き直したほうがよさそうです．

　たくさんの要素を有機的に関連づけてもなるべく複雑にしない，という命題は，一見，自己矛盾を含んでいるように思えます．"たくさん"と"複雑にしない"とが相反する特質を持っているからです．けれども，一概にそうともいえません．一例をあげてみましょう．

　37ページで，システムの階層構造の話をしました．システムの階層構造は，たくさんの要素に関連をもたせながら，システムを複雑にしないための知恵です．100人の群集を考えてみてください．お互いに話合いで相互の行動を関連づけようとしたら，えらいことです．あちらでがやがや，こちらでひそひそ，話の途中で割り込んでくる奴，結論が出ないうちに抜け出して別の相手と話を始める者など，どうにも複雑で収拾がつかなくなります．そこで，10人ずつ一まとめにしてサブシステムとします．10人ぐらいなら適当なリーダーを中心にして互いに行動を調整し，システム化することができるはずです．つぎに，各サブシステムから1名ずつの代表者が集まって，サブシステムごとの行動を調整すれば，全員がシステム化されることになります．

　小隊，中隊，大隊と階層を積み重ねていく組織は，もとは軍隊を組織するために発明されたものですが，こういう組織がどこの社会でも使われるようになったのは，上位に位置する人の満足のためでも，個人を分類して整理するためでもありません．たくさんの要素を有効に関連づけながら，しかも，複雑さで混乱することなく，システムの機能を発揮するためです．1人のボスが何人の部下を管理するのがよいかという，経営学で言うところのスパン・オブ・コントロールに関する議論も，人間という要素をどうシステム化するのがシステムとして有利であるか，という議論の一部であるわけです．

　階層構造が複雑さに対抗する有効な手段であることは，つぎの例からもわかります．ここに，AとBという二つのシステムがあるとします．ともに100個ずつの部品でできています．ただし，

　　　Aは　　　100個がいっせいに組み立てられてシステムになる

　　　Bは　　　10個ずつでサブシステムがつくられ，10個のサブシ
　　　　　　　　ステムが集まってシステムになる

であるとしましょう．そして，部品を一つずつ取り付けていってサブシステムやシステムを組み立てるのですが，サブシステムやシステムまで組み上がらないうちに邪魔が入ると，その時点でもとのもくあみとなり，はじめからやり直しです．こういう条件で考えれば，BシステムのほうがAシステムより，はるかにシステムまで完成しやすいことが，なっとくいくはずです．もし，35個まで部品を組み立てたときに邪魔が入ったとすると，Aシステムでは，35個まで組み立てた苦労が水泡に帰してしまい，はじめからやり直しです．けれども，Bシステムでは，3個のサブシステムがちゃんと完成したままで残り，5個分の労力を損するだけですみます．

　Xシステムは1,000個の部品がいっせいに組み立てられていて，Yシステムは10個ずつの部品が集まってサブサブシステムとなり，10個のサブサブシステムが集まってサブシステムをつくり，10個のサブシステムがシステムを構成するものとして，1個の部品を取り付ける間に邪魔が入る確率が1/100である場合について，H・A・サイモンが計算し，XシステムはYシステムの4,000倍もの作業をしないと完成しない，と言いました．

　生物は，非常に複雑で高度なシステムですが，アミノ酸のある組合せでタンパク質ができ上がり，タンパク質が細胞をつくり，細胞が集まって器官となり，器官が生体をつくり上げるという，みごとな階層構造をつくり上げています．アミノ酸ができ，タンパク質がつくられ，細胞が発生し，という順序で進化をしてきたに違いありません．たくさんのアミノ酸がいっきに生体システムに進化しようとしていたら，きっと，地球上にはまだ生物が発生していなかったことでしょう．

複雑化に対処する

　たくさんの要素を有機的に関連づけて，全体の目的に有効に貢献させようというのがシステムですから，システムはどうしても複雑になります．そのため，要素の数が多くなっても全体としては複雑にならないように階層構造にしたり，要素の結びつきを単純化したりして，いろいろとくふうはするのですが，それでも複雑になるのは，システムの性格上やむをえないところです．しかし，システムが複雑になっても，その複雑さを欠点とせずに，システムの目的を効果的に達成させる方法を提供するのが，システム工学です．

　わかりやすい例をあげてみましょう．個々の部品の故障確率を1/1000とすると，システムが故障しない確率は，

　　　部品 10 個のシステム　　　　　0.99

　　　部品 1,000 個のシステム　　　　0.37

　　　部品 10,000 個のシステム　　　0.00005

でした．部品数が多くなると，システムが故障する確率がぐんと高くなります．つまり，複雑さが欠点となって，システムが使いものにならなくなってしまうのです　こういう場合に役だつ方法を，部品数が少なくて簡単な場合を例にとって考えてみましょう．

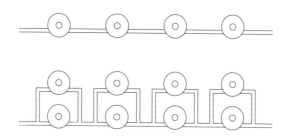

石油を送るシステムがあって，前ページの上の図のように中間に四つのポンプがあります．ポンプが故障する確率を0.1としてみます．したがって，ポンプが故障しないで動いている確率は0.9です．一つのポンプが故障すると，そこで石油の流れが止まってしまうので，送油システムはストップです．ですから，一つのポンプが全部動いている場合だけ，送油システムは稼動していることになり，その確率は，

$$0.9 \times 0.9 \times 0.9 \times 0.9 = 0.66$$

ですから，稼動率66％になり，まことにできの悪いシステムです．ポンプが1個だけなら90％は稼動するのに，大量の石油を強力に送ろうとしてポンプの数を増したら，稼動率がぐんと下がってしまいました．複雑さが欠点となったのです．

　そこで，前ページの下の図のようにポンプを接続してみます．ちょっとぜいたくですが，ポンプを8個使うのです．2個のポンプが並列結合されていれば，両方のポンプが故障した場合だけ石油の流れが止まります．ですから，2つのポンプが並列結合されている箇所を石油が流れていく確率は，下の図のように，

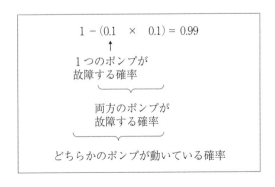

$$1 - (0.1 \times 0.1) = 0.99$$

となります．したがって，送油システムが稼動する確率は，

$$0.99 \times 0.99 \times 0.99 \times 0.99 = 0.96$$

つまり，96%となります．これは，4個のポンプを直列に並べたときの66%に比べれば，飛躍的な向上です．複雑さを欠点としないことに成功したではありませんか．

縁結びの神はコンピュータ

　前に，物流のシステム化の話をしました．荷物の運搬が，てんでんばらばらに行なわれていると，たいていのトラックは，往きだけ荷物を積んで，帰りは空荷のままで帰ってきてしまいます．つまり，走行距離の半分をムダにしているかんじょうです．そこで，荷物の運び先とトラックの動きとをうまく関連づけて，往きも帰りも荷物を満載させることによって，輸送効率は飛躍的に向上します．

　しごく単純な例で恐縮ですが，まぁ見てください．A，B，Cの3軒がそれぞれ1台ずつのトラックを持っていて，お互いの間の荷物の輸送をうまくやろうじゃないか，と協定したとします．たった3軒ですから，お互いに荷物の運び先を電話で相談するのは簡単です．けれども，AからBに荷物を運ぶ必要がある日に，BからAにも荷物を運ぶ必要があればぐあいが良いのですが，いつも，そんなに調子よくいくとはかぎりません．片道を空荷で走る日がどうしてもできてしまいます．配車計画をつくるのは簡単ですが，協定の効果は限定的です．

　これに対して，A……Tの20軒が同様な協定をしたとします．

今度は，AからBに荷物を運ぶ必要がある日に，BからAに運ぶ荷物がなくても，Aの近くのHかKにBから運ぶ荷物があれば，Aから出たトラックは，ほとんど全行程を荷物を積んで走ることができるはずです．したがって，3軒だけの場合に比べたら，協定の効果はぐっと上がるはずです．けれども，今度は配車計画がたいへんです．トラックと荷物の運び先の組合せが多いので，各店が電話で相談していたのでは，とても計画がたちません．誰か一人がかかりっきりで，荷物の運び先の一覧表をつくり，配車計画をたてる必要があるでしょう．多くの要素を関連づけるのが互いに有利だとわかっていながら，複雑さの欠点も表われてきました．

　さらに，500軒の店が同様な協定を結んだとします．うまく協定が実行できれば，すべてのトラックはほとんど全行程を荷物満載で走ることができ，効率化は100点に近くなります．けれども，500軒の店を結ぶ組合せは，約125,000組にもなります．手作業で配車計画をつくっていては，計画をつくるだけで数年間もかかってしまい，とてもその日の輸送に間にあいません．複雑さの欠点のために，システムが成立しなくなってしまうのです．幸い，この程度のことは，コンピュータの力を借りればわけもありません．数分もしないうちに配車計画がつくられて，500軒のお店に連絡されるはずです．コンピュータによって複雑化による欠点が取り除かれて，システムが成立することになるのです．また最近では，運送会社同士だけでなく，荷主と運送会社をつなぐ「運送マッチングサービス」なるものも登場して，システムの範囲が拡大されています．

　システムは，互いに関連を持ちながら共通の目的を達成しようとしている多くの要素の集りだ，と何度も書いてきました．しかし，

縁結びの神はコンピュータ

要素が互いに有効に結びつくことは，要素の数が多くなるほど加速度的にむずかしくなります．それを可能にしたのがコンピュータです．コンピュータは縁結びの神様です．システム的な考え方はもっとずっと前からあったに違いありません．けれども，理くつではわかっていても，それを成しとげる手段がなければ，結果としては，わかっていなかったのと同じです．コンピュータが，その手段を提供してくれたのです．そういう意味でシステム工学は，コンピュータとともに発達したということができるでしょう．

システムとコンピュータ

コンピュータは縁結びの神様です．コンピュータがたくさんの要素をじょうずに関連づけてくれるので，大規模なシステムが成立します．コンピュータは，人工的なシステムの頭脳として，その中心的な位置を占めているのです．しかし，システムとコンピュータの深いえにしは，これだけではありません．コンピュータは，システ

ムを構成する要素の"縁結びの神"である以前に，システムの誕生を助ける"助産師"でもあるのです．

この章の冒頭で，「システムの要素を見落とさずにじょうずにバランスをとり，全体として最適の姿にまとめあげるのがシステム工学ではないか．そんなことは，有能な実務家ならずっと昔からじゅうぶん考慮して仕事をしている」という意見は誤っていると書きました．そして，いかに有能な実務家でも，システムの規模が大きくなると，さすがに頭脳もねを上げてしまい，複雑すぎて判断がつかなくなる，とも書きました．

有能な実務家はとっくの昔から多くの要素を見落とさずに，うまくバランスをとり，全体として最適の姿にまとめ上げる必要があることに気がついていて，そういう配慮のうえで仕事をしていたに違いありませんが，昔はそれを実現させる手段がなかったのです．いいかえれば，大きなシステムをつくり出せば効率が上がることはわかっていたけれど，大きなシステムを設計する手段がなかったのです．大きなシステムを設計する道程では大量の計算が必要になります．それを行なうにはコンピュータがなくてはなりませんが，コンピュータの発達があったからこそ，大規模なシステムを設計することが可能になったわけです．

「システム工学とは，組織をコンピュータで解明しようとする学問である」と東大名誉教授の故渡辺茂博士は言いました．「人間が段取りしたとおりにしか働かないコンピュータに仕事をさせるには，組織の成りたちを完全にかみくだく必要があり，それ自体がシステム工学なのだ」という意味と「手計算などではやりきれないぐらい大量の計算の結果，初めてシステムが誕生し稼動するのだ」という

意味で，システム工学の本質を言い当てているように思えます．

やきとりの串

　システム工学は，複雑さと対決しながら，システムを合理的に設計し，運用するための理論と手法です．したがって，電子工学，機械工学，化学工学などとは，ずいぶん毛色が変わっています．

　レオナルド・ダ・ビンチは，五百年以上も昔の人ですが，すぐれた画家であり彫刻家であると同時に，建築家としても知られ，また地質学，天文学，植物学，解剖学などの先駆者でもあり，さらに機械技術者としても多くの仕事をしました．古い時代の知識人は，政治家であると同時に文学者であったり，科学者も兼ねていたり，幅広くいろいろな分野で活躍していました．ところが，近代になるにつれて，各分野の水準が高度化し，すぐれた頭脳の持主でも，いくつかの分野ですぐれた実力を保持することは，ひじょうにむずかしくなりました．各分野が専門化し，深く深く研究されてきたからです．まず，自然科学系と人文科学系に分化し，自然科学系はさらに，医学，工学，農学というように細分化していきました．専門化はさらに進み，工学は，電子工学，機械工学，化学工学などのように分化し，機械工学の技術者に電子工学の仕事をやらせてもあまり役にたたず，電子工学の技術者は化学プラントの設計には使いものにならず，となっていきました．そして，その後の現状はもっとひどく，機械工学の技術者でも，エンジン設計の技術者は工作機械の設計はできず，工作機械の技術者はロケットがわからない，というぐらい専門化が進んでしまいました．

　専門化は，人類の文明の発達にとって非常に重要な影響を及ぼしています．専門化によって，ある分野に従事する人たちの能力が高度化したことで，人類の役に立つよい仕事が達成され，維持されているからです．けれども，専門化は長所ばかりを持っているわけでもありません．専門化が進むにつれて，多くの人たちが自分の専門以外のことがわからなくなってしまいました．自分の専門分野で高度の知識と熟練した技能を持つためには，それもやむをえないとみんなが思っています．けれども，本当にそうでしょうか．

　大きなシステムはたくさんの要素で構成されています．たくさんの要素の中には，電子の知識がなければ理解できないものや，機械の知識を必要とするものや，経済学の素養がなければ見当もつかないものや，心理学についての知識を要するものなど，さまざまなものが混っています．おれは機械屋だから，経済や心理はわからん，とうそぶいていては，システムを取り扱うことなどできません．

　では，システムを取り扱う理論や技術，つまり，システム工学は，電子工学も機械工学も経済学も心理学も，そのほか多岐にわたって分化して専門化した，すべての分野を包含するものなのでしょうか．もしそうだとすれば，レオナルド・ダ・ビンチのように，すべての分野にすぐれた偉人でもないと，システムは取り扱えないことになってしまいます．細分化され，高度に専門化された現代に，限られた人間の能力で，そんなことができるとは思えません．

　一般にオーケストラの指揮者は，オーボエを吹いたり，チェロを弾いたりできるわけではありません．しかし，オーボエの楽譜が高音部記号で書かれていて，6個の指穴と多数のキーとがあって，それらをどのように使い分ければ，どの音階の音が出るか，という技

術的なことはもちろん，音色は甘く哀調を帯び，演奏前には，オーボエが点イの音を出して，他の楽器がこれに音を合わせる，といった特徴については良く知っています．そして，多種多様な楽器の特徴をじょうずに関連づけて，単独の楽器では真似のできない豊かな表現をつくり出していきます．つまり，個々の楽器をシステム化することが指揮者の仕事です．

　システム工学も多分にオーケストラの指揮術に似たところがあります．電子工学や心理学の細部に立ち入るわけではありません．けれども，電子工学や心理学で扱える範囲，その能力の限界などをじゅうぶん承知のうえで，さまざまな分野の学問を関連づけ，大きなシステムをまとめ上げるための理論や技術がシステム工学なのです．

　日本のロケット開発の父と言われた故糸川英夫博士が，うまいことを言っています．システム工学は "やきとりの串" だというのです．やきとりの串は，それ自体は食えないけれども，やきとりの串が鳥肉やネギをうまく関連づけて，鳥肉やネギをばらばらに焼いたり食べたりするより，はるかにうまい食べ物になるように，電子や心理などの専門技術を横につらぬいて，一つのものにまとめ上げる

のがシステム工学だ，というわけです.

　そういうわけですから，ちょうどやきとりの串だけがあっても，鳥肉やネギがなければなんの役にも立たないように，専門分野の高度な技術がなければ，システム工学はなんの役にもたたないし，システム工学が存在する必然性もないはずです．もう半世紀以上も前の話になりますが，アポロ11号で人類が初めて月面に着陸したとき，マスコミがこぞってシステム工学の勝利だと騒ぎました．そのため，宇宙ロケットとシステム工学が，同義語のように扱われた時期がありました．アポロ11号の成功は，電子工学，機械工学，化学工学，繊維工学，人間工学，冶金学，細菌学など，多くの専門分野に高度な実力があったからこそ，"システム工学の勝利"があったのだということも，考えてみる必要があります.

　一口に言えば，システム工学は，高度に専門化され，その代わりに，互いに孤立してしまった多くの専門分野を一つにまとめ上げて，大きなシステムを合理的につくり出し，運用するために発生した専門技術だということができます.

システムエンジニアへの道

　システム工学が「システムを合理的に設計し運用するための理論と手法」であるならば，システムエンジニアは「システム工学の理論と手法を駆使して，システム設計とシステム運用のリーダーたりうる人」ということができるでしょう．音楽の指揮をまったく理解しない奏者が，オーケストラの一員としては使いものにならないように，システム的なものの見方・考え方をまったくもたない人間は，

社会人として役だたない存在です．したがって，システムエンジニアを目指す人だけでなく，多くの人たちが，システム思考を身につける必要があります．

　システムエンジニアの基礎的な素養を持つためには，つぎの3項目にアタックする必要があると，私は思っています．

　一つめは，理工学体系の枠組みをはなれて，しかも，それらを包含する理工学の基礎知識を持つことです．電子工学，機械工学，建築工学など，工業高校や大学でその一つを専攻すると，電気屋とか機械屋とかのレッテルがはられ，往々にして，それに従って社会人としての活動範囲が決まってしまいます．けれども，こういう偏った知識だけでは，システムに取り組むことは困難です．最近でこそ，情報理工学科，社会理工学院，総合政策学部のような人文・社会科学と理工学の融合を標榜する学部や学科ができましたが，依然として封建職の強い日本の大学ですから，講座の大幅な組み替えなどは，なかなか望めません．

　二つめは，システム工学を構成するたくさんの手法，オペレーションズ・リサーチの手法，信頼性の理論，自動制御の理論，シミュレーションのやり方，コンピュータの使い方などを，片っぱしからかじってみることです．これらの手法を自由自在に使いこなせれば，それにこしたことはありませんが，あまり欲張っても，人間の能力には限度があります．まずは，入門程度に広く勉強してください．あとは実際のシステムにぶつかったときに，いやでも勉強させられて実力がついてきます．

　三つめは，先天的な素質も多分に影響することなのですが，広い視野と，人を説得し，人をひきつける人間的魅力を養うことです．

広い視野はやじ馬根性から生まれます．国際情勢にも，インカ文明
にも，恋愛問題にも，星座の位置にでも，何でも関心を持ってくだ
さい．やじ馬根性に欠ける人は，システムエンジニアとしては第一
歩で失格です．やじ馬根性を持ったら，つぎは，いろいろな物ごと
の流れを大局的につかむ習慣をつけることです．目の前のできごと
に一喜一憂しないで，全体としては，うまくいっているようだ，と
いうような把握のしかたを習慣づけるのです．そうすると，やじ馬
根性で入手した情報が大局的に整理されるので，広い視野が養われ
る理くつです．

　人を説得する技術も訓練しだいではかなりいい線までいきます．
話し方，文章の書き方，図表の使い方など，参考書を勉強して，く
ふうしてみてください．人をひきつける魅力は，一朝一夕で養われ
るものではないのですが，専門分野の異なる多くの人たちに，気持
ちよく実力を発揮してもらうシステムエンジニアとしては，重要な
資質です．座禅でも組んでみるのも一つの手かもしれません．

　システムエンジニアとしての基礎的な素養は，これで一応は備わ
りますが，システムエンジニアとしての実力がついたわけではあり
ません．実力はこれからです．だいいち，システムの感覚そのもの
が，理くつだけではなかなか身につきません．システムエンジニア
は，学者ではなく，技術者なのです．自らシステム建設に参加し，
泥まみれ，汗まみれの体験を経て，ほんとうに実力を持ったシステ
ムエンジニアが誕生するのです．どんな仕事にでもシステムエンジ
ニアを育てる糧は含まれています．意欲を持ってその糧を吸収でき
るかどうかが，システムエンジニアとして成長できるか否かの分れ
目です．どん欲に，たくましく，糧を吸収しようではありませんか．

第 *6* 章

モデルとシミュレーション

行為をともなわない知識は，蜜のない蜜蜂のようなものだ

──ヨハン・ゴットフリート・ヘルダー

（18世紀ドイツの哲学者・詩人）

モデルとシミュレーション

システムは，多くの要素が互いに関連を持ちながら，全体として共通の目的を達成しようとしている集合体です．その集合体がどういう特性を持ち，どのような挙動をし，どこに欠陥があるかを見定めるもっとも確実な方法は，実際のシステムにいろいろな条件を与えて実験してみることです．

けれども，実際に実験することが困難であったり，不可能であったりすることも少なくありません．危険すぎるとか，人道的に認められないなどの理由で，実験が許されないテーマはたくさんあります．また，大規模システムを莫大な費用と歳月を費やして建設して実験した結果，設計に根本的な誤りが発見されたとしても，あとの祭りです．

こういうとき，威力を発揮するのが**シミュレーション**です．シミュレーションは一般的に模擬実験と訳されますが，もともと

simulate は「……のふりをする」「……を装う」などの意味で，simulate illness なら仮病を使うこと，simulate diamond は模造ダイヤモンドです．また，simulation は擬態，たぬき寝入りなども意味しますが，私たちが最初に頭に浮かぶのは，模擬実験でしょう．とはいえ，近年のコンピュータの高度化によって，実験というよりは，未知の世界に挑戦する先駆的な役割を担うようになっています．

　たとえば，コンピュータ上に仮想地球をつくり出す地球シミュレータは，台風の進路や集中豪雨の予測はもとより，地球温暖化のような長期的な気象予測，地震発生の過程などの地殻変動の解明にも活用されています．また，最上級の認定を取得したフライトシミュレータによる訓練時間は，実機による訓練と同等にカウントされ，その結果，いちども飛行機に乗ったことがない人でも，操縦士の免許が取れるような時代になったのです．

シミュレーションの効用

　パソコンの普及がめざましく，だれでも手軽にコンピュータを使えるようになったこと，スパコンの能力がこれまで不可能とされていた計算を可能にしたことなどによって，シミュレーションの活躍の場は広がる一方です．そんな中，私なりにとらえるシミュレーションの効用を整理しておこうと思います．

(1)　現実には許されないことが実験できる

　実社会への影響が大きすぎたり，危険すぎたり，人道的に認められないなどの理由で実験が許されないテーマがたくさんありますが，

シミュレーションなら問題ありません．ダムの決壊でも，朝鮮半島からの飛翔体の東京上空での爆発でも，なんでも実験可能です．

⑵　実験の条件が自由に選べる

時間的にいえば春夏秋冬，昼夜を問わず，空間的には上空1万mでも水深1千mでも，また温度は10万℃でも零下300℃でも，時速200kmの衝突速度でも200％のインフレでも，現実には容易につくり出せないような条件を苦もなくつくり出せます．また，条件を少しずつ変えて，さまざまな組合せで実験ができます．

⑶　関心のある部分だけを取り出して克明に観察できる

シミュレーションの速さはリアルタイムばかりとは限りません．スローモーション，早送り，巻き戻し，リプレイ，なんでもありです．

⑷　実害ゼロ

どんな実験をしようとも，実験はコンピュータ上や机の上などで行われるわけですから，現実の社会システムへはなんの影響も及ぼしません．ただし，シミュレーションの結果が公表されると社会システムに影響を与えることがあります．

⑸　多くの場合非常に安上がり

交通システム，防衛システムのような巨大なシステムを動員して実験を行おうとした場合，巨額の費用が発生します．それに比べてシミュレーションの費用はたかが知れています．巨大なシステムの建設や，その改善に先立ってシミュレーションが行なわれるのは，

当然といえるでしょう.

(6) 時間の節約にも威力を発揮

巨大システムを建設し，それを動かしながら少しずつ条件を変えて実験を繰り返すには長い時間を要しますが，シミュレーションなら，いちどセットしてしまえば短時間のうちになんべんでも実験を繰り返すことができます.

(7) 予測と同じ意味を持つ

時間的に将来に向かうシミュレーションの結果は，そのまま予測と同じ意味を持ちます. 逆にいうと，将来の予測のために，シミュレーションは有効なツールの一つです.

(8) 未知への挑戦のための重要なツール

近年，地震や豪雨などによる大規模災害が後を絶ちません. 台風の進路予測や局所的な集中豪雨の予測はもとより，地球温暖化のような長期的な気象予測，地震発生のメカニズムなどの地殻変動の解明に利用されています. これは，シミュレーションの最大の特長と評価してもよいと思います.

シミュレーションの限界

前の節では，シミュレーションの光の部分について書き並べてきました. けれども，シミュレーションとて万能ではありません. 光があれば，その反対に影もあります. こんどは，影の部分，すなわ

ちシミュレーションの限界を整理してみようと思います.

(1) 人間が関係すると正確なシミュレーションができない場合がある

　人間がからんだシミュレーションでは，人間の精神状態が実際の場合と同じにならないため，正確なシミュレーションができない場合があります．たとえば，飛行訓練用シミュレータでは，操縦に失敗しても命に別状がないので，緊張感も死に対する恐怖心もありません．そのため，そのぶんだけ，シミュレーションに誤差が生じることがあるのです．命がけの仕事では，ほんとうに命をかけてみないと真の体験にならないし，真の姿は見えないということです.

(2) 取り入れたい要素でも採用できないことがある

　戦闘機のパイロットは，5～7Gくらいのすさまじい重圧に耐えながらレーダースコープや計器を読み，僚機と交信し，敵機との相対位置や最適の接近法などを判断しなければなりません．しかし，シミュレータでこのように大きなGをかけつづけることは，技術的に困難です．このように，シミュレーションに際して取り入れたい要素であっても，なんらかの理由で採用できないことがあるのです.

(3) 社会現象ではシミュレーションにまで持ち込めないことがある

　社会現象ではモデルづくりがむずかしいため，多くの仮説を立てて，大胆にモデルをつくってシミュレーションしても，モデルの正しさを検証する術がありません．そのため，シミュレーションの結

果に価値があるか否かの判断ができないことが多くあります．もっ
ともこれは，シミュレーションの責任ではなく，社会現象の複雑さ
のせいなのですが……．

　なお，効用のところで「実害ゼロ」と書きましたが，シミュレー
ションの結果が公表されると，社会システムに大きな影響を与える
場合があります．選挙前に新聞やテレビが行なう当落予想などは，
その最たるものでしょう．有権者の心理に微妙に影響し，優勢と予
想された候補者の票が当落線上の候補者へと流れるのだそうです．
優勢と予想された候補者は喜んでよいものかどうか……．
　また，最も劇的だったのは，1972 年にローマクラブによって公
表された『成長の限界』でしょう．これは，世界の人口，資源，汚
染などについてのシミュレーションを行った結果を報告書としてま
とめたものです．この報告書によると，いままでのように幾何級数
的な人口の増加と経済の成長をつづけると，21 世紀には地球は壊
滅的な事態に至る可能性が高い，というのです．21 世紀の半ばか
ら死亡者が急上昇するなどのシミュレーション結果に裏づけられて
いたので，この報告書は世界中に衝撃を与えました．
　この報告書のおかげで，世界の多くの国々で人口の抑制，環境対
策，資源の節約などの機運が高まり，さまざまな施策が実行されま
した．その結果，このシミュレーション結果は，大きく外れること
になりそうなのです．シミュレーションにあっぱれです．
　これも効用のところに書きましたが，将来へ向かってのシミュ
レーションは，予測と同じ意味を持ちます．人類の幸福を支えるう
えで，今後ますますシミュレーションは重要な役割を果たしてくれ

るでしょう.

モデルが決め手

　私たちが日常的に使っているモデルという言葉は, ファッション
モデル, プラモデル, モデルルーム, モデルガン, グラビアモデル,
小説の素材としてのモデル, モデルケースなど, さまざまです. 模
型のほかに模範の意味もありそうですが, シミュレーションモデル
の場合, シミュレーションのために準備する模型とでも考えてくだ
さい. ただし, 模型といってもプラモデルのように形を備えている
とは限りません. 図やグラフで示されたり, 文章で記述されたり,
数式で与えられることも少なくないと認識しておけば, 実用上, 困
ることはないでしょう.

　このように, モデルにはさまざまな形式がありますが, 不要な部
分はなるべく切り捨て, 必要な本質はきっちり取り込んだモデルで
なければなりません. モデルの出来が悪ければ, どんなにがんばっ
てシミュレーションをしても, その結果が正しいものになることは
ありません. 私は, シミュレーションのためのモデルづくりはシ
ミュレーション作業の一部だと考えていてます. モデルの構想が固
まったとき, シミュレーションの成否も決まってしまうと思ってい
ます.

　モデルの構想はシミュレーションのための戦略に当たり, シミュ
レーションの実行は, 戦術にしかすぎません. よくいわれるように,
戦略の失敗は, 戦術では取り返せないのです.

確定的シミュレーション

空気には慣性，粘性，圧縮性などのややこしい性質があるので，なかなか理論どおりには流れてくれません．そのため，以前であれば，飛行機の空力学的な設計のためには，どうしても風洞を使った実験が必要でした．

ライト兄弟が人類として最初の飛行に成功したのは1903年のことですが，流体の研究は，それよりずっと以前から行われていました．流体の速度と圧力の関係を示したベルヌーイの定理[*]が18世紀に発表されていることからも，そのことが窺えます．そして，流体の運動を正確に表現した**ナビエ・ストークス方程式**[**]が発表されたのが，1840年頃だといわれています．

このナビエ・ストークス方程式が流体の運動を正確に表わしてくれるなら，なにも風洞実験などに頼らなくても，この式を利用して飛行機の空力学的な設計をすればよさそうです．まったくそのとおりなのですが，表6.1を見ていただけませんか．この方程式は，美しい形をしているのですが，非線形の部分を含んだりしているので，解析的に解くことができないのです．もちろん，解析的に解けなくても，数値を代入しながら解く方法はあります．けれども，それには気が遠くなるような手数がかかるので，現実問題としては，解けないのと同じでした．

---

[*]　流体の挙動を平易に表わすことができる定理として，スイスの数学者ダニエル・ベルヌーイ(1700～1782)によって1738年に発表されました．

[**]　フランスの数学者アンリ・ナビエ(1785～1836)とアイルランドの数学者ジョージ・ガブリエル・ストークス(1819～1903)によって導かれたものです．流体の運動を正確に表わした2階非線形型偏微分方程式です．

表6.1　ナビエ・ストークス方程式

液体の速度成分が x 方向に u であるとき,

$$\frac{\partial u}{\partial t} + \mu\frac{\partial u}{\partial x} + v\frac{\partial u}{\partial y} + \omega\frac{\partial u}{\partial z} = \frac{\partial p}{\partial x} + \frac{1}{R}\left(\frac{\partial^2 u}{\partial x^2} + \frac{\partial^2 u}{\partial y^2} + \frac{\partial^2 u}{\partial z^2}\right)$$

　　　v：y 方向の速度成分
　　　ω：z 方向の速度成分
　　　p：圧力
　　　R：レイノルズ数

v および ω についても同様な式が成立する.

　ところが, 近年になってコンピュータの高速化・大容量化が進み, ナビエ・ストークス方程式を数値的に解くことができるようになりました. 気が遠くなるほど手数のかかる計算をコンピュータが短時間で処理してくれるようになったため, 実際の設計に利用することが可能になったのです. コンピュータが流体の正確な運動を教えてくれるようになったので, 風洞実験に頼る必要がなくなりました.

　風洞実験には相当な費用がかかります. とくに超音速の風洞では, 圧縮機によって空気をせっせとタンクの中に詰め込んで, この空気をピューッと吹き出して数十秒くらいの音速の流れをつくり, その間に無数のデータを集めなければなりません. そのため, 設備が高価なばかりか, 多くの人員と経費がかかります. しかも, 飛行機の性能も高くなっているので, その開発に要する風洞実験の回数も, うなぎ登りに増大していくことになります.

　そのため, コンピュータによる計算が風洞実験にとって代わってきています. ナビエ・ストークス方程式にモデルの形や風速などを

示す具体的な数値を入れながら，モデルの場所の流速，圧力などを計算し，必要があれば，空気の流れや渦，衝撃波などをディスプレイに表示します．まさに，風洞実験によるシミュレーションが目の前で行われているかのようです．これは，**数値シミュレーション**と呼ばれ，経験則を含む理論，実験に次ぐ第3の手段として，近年，急速に発達しました．流体の数値シミュレーションは，とくに**数値流体力学**(CFD：Computational Fluid Dynamics)と呼ばれていて，ボーイング社では，このCFDとスーパーコンピュータによって，わずか20年の間に風洞実験が9割も削減されたそうです．風洞実験の設備が欧米に大きく遅れをとっている日本では，CFDはとりわけ有効な手法だと思います．

　ただし，数値シミュレーションとて万能ではありません．ナビエ・ストークス方程式は理屈を考えてつくり出した数学モデルですから，数学モデルとしての信頼性を高めるためには，実機のデータや実験データと照合して検証する必要があることは，言うまでもありません．

　数値シミュレーションの最大の有難さは，従来の大規模な実験にとって代わって，お金と時間を節約できることにあります．しかし，それだけではありません．これに加えて，従来の風洞実験では見つけられなかった異常な流れや渦などを発見できたりして，飛行機の設計に思いがけないヒントをもたらしてくれることです．

　空気の流れについていえば，自動車設計への応用にもめざましいものがあります．空気抵抗を減らすために，古くから風洞実験が行われてきました．これは今でも変わりません．しかし，車体を使った実験では，空気の流れや渦を細かく測定することができません．

また，いろいろと車のかたちを変えて性能を評価しようとすると，
莫大なお金と時間がかかります．これをコンピュータ・シミュレー
ションで行なうことによって，開発費が抑えられるうえ，より性能
の良い車を開発できるようになりました．時速100 km で走行して
いる車の走行抵抗の約70％は空気抵抗だそうです．空気抵抗を減
らすことで燃費を良くして環境性能を向上させることはもちろん，
空気抵抗による騒音を減らして快適な乗り心地を実現するために，
各自動車メーカーとも，コンピュータ・シミュレーションを活用し
ています．

　ここまで，コンピュータ・シミュレーションが風洞実験にとって
代わってきていることを書いてきましたが，モデルで規定される条
件に従って確定的に答えが出るものを**確定的シミュレーション**とい
います．たとえば，飛行機のモデルをある姿勢で風洞の中に固定し，
ある風速で空気を流せば，モデルに作用する力は一義的に定まりま
す．また，流体中で運動する振り子の数学モデルは，振り子や流体
の条件を決めてさえやれば，確定的な答えを与えてくれます．

　確定できないからシミュレーションしてみようというのに，確定
的シミュレーションとはどういうこと？　と思われる方もおられる
かもしれませんが，つぎの節でご説明する確率的シミュレーション
の対語だということをお察しいただければ幸いです．

確率的シミュレーション

　前の節では，風洞実験についてお話ししましたが，多くの場合，
このような確定的モデルだけで表わすことができません．一般のシ

ステムは，確定的な現象ばかり対象としているわけではないからで
す．風洞実験では，空気の速度が一定ならいつでも同じ強さでモデ
ルにぶつかります．けれども，このような"いつでも同じ"ことば
かりでシステムが構成されているわけではありません．

　たとえば，都市交通システムで考えてみましょう．JR を利用す
る乗客の行動を観察してみると"いつでも同じ"ではありません．
自動券売機を想像してみてください．乗客はいつも一定の間隔で正
確に到着するのではなく，数名がかたまってくることがあるかと思
えば，しばらく途切れたりして，でたらめに到着します．ストップ
ウォッチを持って 1 分ごとに到着した乗客の数を調べてみると，ゼ
ロのときもあれば 1 人のときもあり，5 人のときもあるでしょう．
今では IC カードで乗車するほうが圧倒的に多くなったとはいえ，
切符を買うだけでなく，IC カードにチャージする乗客もいるため，
券売機に並ぶ列ができ，それが長くなったり短くなったり変動しま
す．これではとりとめがなく，モデルのつくりようがないように思
えます．

　けれども，よく考えてみると，輸送している乗客の数は，土日を
除いてほぼ一定のはずですから，とりとめがないようでも，なんら
かの法則がありそうです．ある時刻，たとえば朝の 8 時から 1 分間
の幅をとってみると，その間に到着する乗客の数が「ゼロである確
率」「1 人である確率」「5 人である確率」……などは，ほぼ一定で
あるにちがいありません．いいかえれば，乗客の到着は確率的な事
象であるといえます．

　シミュレーションの古典的題材の**お見合の問題**を例に，確率的シ
ミュレーションをみていただきましょうか．ちなみに，お見合のな

い海外では，**浜辺の美女の問題**と名づけられています．浜辺で美女を物色して，どの娘をナンパしようか，というわけです．

これから10回だけお見合のチャンスが与えられるとします．お見合ができるのは1回に1人だけ，いちど断った相手とよりを戻すことは禁止，オーケーしたらその後のお見合は棄権，ただし，相手にふられることはない，こういう条件です．

こういう条件ですから，もういいやと妥協して相手を決めてしまえば，この先どんな素敵なお相手が待っていたのか知ることはできません．逆に，もっとよい相手が現れることを期待して目の前のチャンスを見送ったのに，そのあとすべてハズレ，こんなことならあのとき決めておけばと悔やんでも，あとの祭りです．ただ，結果はあなた次第．相手にふられることがないのは救いです．さぁ，どんな作戦でチャレンジしましょうか．

まず，5つのタイプの作戦を立ててみます．この5つを比較して，最善の作戦を選ぼうと思います．5つの作戦は表6.2のとおりです．「即決型」は，とにかく1人めは見送りです．1人めに最高の相手が現れる確率は1/10しかないからです．それに，10人も候補者がいるのに，1人で決めてしまっては，もったいないではありませんか．しかし，2人め以降は，一転して一刻も早く決めてしまおうという態度に徹します．2人めは1人めより優れていれば決めてしまうし，劣っていればパスです．3人め，4人めは，それまでの相手と比べて最下位でなければ決めてしまうというのですから，かなりの「即決型」です．以降，5, 6人めは4位以内，7, 8人めは5位以内，9人めは6位以内と，かなり寛大な条件で早く相手を決めてしまおうとします．これだけ急いでも10人の相手の順序によっ

表 6.2　5 つの作戦

〔速決型〕	1 人め	見送る
	2, 3, 4 人め	それまでの最下位でなければ決める
	5, 6 人め	それまでの 4 位以内なら決める
	7, 8 人め	それまでの 5 位以内なら決める
	9 人め	それまでの 6 位以内なら決める
	10 人め	決める（他の作戦でも同じ）
〔性急型〕	1, 2 人め	見送る
	3 人め	それまでの 1 位なら決める
	4, 5 人め	それまでの 2 位以内なら決める
	6, 7 人め	それまでの 3 位以内なら決める
	8, 9 人め	それまでの 4 位以内なら決める
〔妥協型〕	1, 2, 3 人め	見送る
	4 人め	それまでの 1 位なら決める
	5, 6, 7 人め	それまでの 2 位以内なら決める
	8, 9 人め	それまでの 3 位以内なら決める
〔慎重型〕	1, 2, 3, 4 人め	見送る
	5, 6, 7 人め	それまでの 1 位なら決める
	8, 9 人め	それまでの 2 位以内なら決める
〔優柔型〕	1, 2, 3, 4, 5 人め	見送る
	6, 7, 8, 9 人め	それまでの 1 位なら決める

ては最後まで決まらず，10 人めが登場することがあるかもしれません．けれども，10 人めで決めてしまわないと，いっしょう一人寝をするはめになってしまいます．

　「性急型」は，1 人め，2 人めは候補者のレベルを見定めるために見送りますが，その後はなるべく早く決めてしまうつもりのようです．うじうじして 10 人めまで持ち越したくないという気持ちの表われでしょうか．「せっかち型」と呼んでもよい作戦です．

　「妥協型」は，あまり選り好みしたあげくにハズレを摑むのは嫌だから，ほどほどで妥協しようという気持ちが見え見えです．「ほどほど型」とでもいうところでしょうか．

　「慎重型」は，これからずっと一緒に暮らすことになるのだから慎重になるのは当然ですが，7 人めまでいっても，それまでの 1 位ならとか，9 人めなのに 2 位以内という作戦です．こうなると，慎重を通り越して「のろま型」と呼ぶのがふさわしいのではないでしょうか．

　「優柔型」は，優柔不断のなにものでもありません．5 人めまで無条件でパスしたあげく，8 人め，9 人めでさえも，それまでの誰よりも優れていないと決めないなどとは，いったい，なに様のつもりでしょうか．「うぬぼれ型」の別名で呼びたいくらいです．

　これで，5 つのタイプの作戦が出そろいました．平均的に見て，どの作戦が優れた相手を獲得できるでしょうか．また，10 人の中から最高の相手と結びつける確率は，どの作戦が高いでしょうか．逆に，ババを摑んでしまう危険性は，どの作戦に多いのでしょうか．印象としては，全体に待ちすぎのように感じますが……．

　この問題は，理屈の上では確率計算を繰り返すことによって数学的に解くことが可能です．けれども，その作業量はべらぼうで，気が遠くなります．なにせ，10 人の相手が表われる順序は 3,628,800 通りもあるのですから[*]．そこで，ここからシミュレーションの出番です．

---

　[*]　n 個の異なるものを一列に並べる並べ方，つまり順列の数 $n!$ です．したがって，10 人の相手が登場する順序は，

　　　　$n! = 3,628,800$

　通りです．

　なん回も，なん回もシミュレーションしてみれば，どの作戦が勝っているのかが，見えてくるはずです．とはいうものの，まさか10人を連れてきてなん回もお見合をしてみるわけにはいきません．そのため，10枚のトランプをお相手に見立てて，シミュレーションを繰り返してみることにします．

　10枚のトランプは，同じ種類のＡ^{エース}から10を使うのがよいでしょう．Ａ^{エース}は1点の価値しかない相手，2は2点，10なら10点の価値がある相手とみなします．もちろん，10点は非の打ちどころのない完璧な相手を意味するのではなく，10人の中で相対的にもっとも優れた相手であると考えてください．では，早速「即決型」のシミュレーションから始めましょう．

　10枚のトランプをよく切ってから裏に伏せて一列に並べます．そして，端から順に1枚ずつめくっていきます．「即決型」タイプのシミュレーションですから，たとえどんなに高い点が出ても，とにかく見送りです．そして，2枚めに1枚めより高い点がでれば，その点数を記録してシミュレーションは打ち切りです．2枚めが1枚めより低い点のときには3枚めをめくり，3枚めの点がそれまでの最下位でなければ，それを記録して打ち切るし，最下位なら4枚めに進む……．「即決型」の行動パターンに従ってシミュレーションを進めていくと，ここから一つのデータが記録されます．

　以下，同じやり方で，それぞれの行動パターンに従ってシミュレーションを繰り返してデータを集めます．シミュレーションは，できれば数十回，そして，5つの作戦とも同数にするよう，おすすめします．データが集まったら，各作戦それぞれの点数の平均値，10点や1点の割合などを算出します．これで，5つの作戦の優劣を

表 6.3　シミュレーションの結果を整理すると

作戦のタイプ	獲得した相手の平均点	最高の相手を得た割合	最低の相手を摑んだ割合
即　決　型	7.0	14%	0%
性　急　型	7.8	20%	0%
妥　協　型	8.1	25%	2%
慎　重　型	7.5	34%	7%
優　柔　型	6.4	30%	11%

判定するためのデータがそろいます．表 6.3 を見てください．私が各作戦を 50 回ずつシミュレーションした結果です．

　「即決型」は，獲得した平均点が高くないし，10 点のお相手を得た割合も全作戦中，最低です．1 点の相手を摑む割合が 0% だったのはせめてもの救いですが，どうやら，おすすめできる作戦ではなさそうです．また「性急型」は，平均点や 10 点の相手を得た割合は「即決型」より改善されていますが，「妥協型」より見劣りするので，これもおすすめできそうにありません．やはり，「急いては事を仕損じる」なのでしょうか．

　つぎに，表 6.3 のいちばん下の「優柔型」です．獲得した相手の平均点もいちばん低いし，最高の相手を得た割合も「慎重型」より低く，そのうえ，最低の相手を摑んだ割合もダントツのトップなのですから，こんな作戦を選ぶ手はありません．

　残ったのは「妥協型」と「慎重型」です．平均点は「妥協型」のほうが上ですが，最高の相手を獲得するという夢は，「慎重型」のほうがぐっとふくらみます．けれども，「慎重型」は，最低の相手と一生を共にするリスクも 7% あることを覚悟しなければなりませ

ん. そちらを選ぶかは各人の人生観次第です. 安全策を取るなら
「妥協型」, 夢を追いかけるなら「慎重型」でしょうか. それにして
も, このシミュレーションの結果は, 古くからの言い伝えを見事に
表わしています. じっくり待ったほうがよい結果となったのは, ま
さに「待てば海路の日和あり」でしょうか.

　ところで, この結果は, ほんとうに現実に起こりうる結果を反映
しているとお思いですか. このモデルは, 相手からふられることは
いっさい考慮していません. これでは, あまりに身勝手で, 楽観的
すぎると思います. 世の中, そんなに甘くはありません. 常識的に
考えて, 条件のよい相手ほど選り好みするだろうし, 逆に自信のな
い相手なら, 早く結婚相手を決めてしまいたいという心理が働きそ
うです. したがって, 相手にふられることも考える必要があります.
しかも, ふられる確率は同じでなく, 最高のお相手になればなるほ
ど, ふられる確率を高くしてやる必要があるでしょう. こうなると,
数学的な確率計算では完全にお手上げです. しかし, シミュレー
ションによれば, 各タイプの優劣を判断するのは, わけもありませ
ん. なお, ふられることも考えたシミュレーションの手順と結果に
ついては, きょうしゅくですが, 拙著『OR のはなし【改訂版】』
の 174 ページあたりを見ていただければ幸いです.

　この例のように, 確率的な現象を相手にして, 偶然の力を借りな
がら行なうシミュレーションのことを**モンテカルロシミュレーショ
ン**といいます. **モンテカルロ法**を用いて行なうシミュレーションの
ことですが, フォン・ノイマン(1903 ～ 1957)とスタニスワフ・ウ
ラム(1909 ～ 1984)が, 1940 年代に行った実験が最初だといわれて
います. いまの例では, 10 枚のトランプを代用品としましたが,

コインやサイコロなど，確率をつくり出す小道具はなんでもかまいません．ただ，0から9までの10種類の数字がランダムに並ぶのは非常にむずかしく，そのむずかしさを克服して0から9までの数字がランダムに並んだとき，これを**乱数**といいます．乱数を手軽に発生させるための小道具として乱数サイが市販されていますし，乱数表も市販されています．

　コンピュータの演算速度が増大するにつれて，確定的な問題は数値計算で解けるようになったため，モンテカルロシミュレーションの出番は減りました．けれども，確率的な手段を解決する手段として，今でもきっちりと役割を果たしてくれています．原子レベル以下の挙動は，確率的であるとして処理しなければならないことが多いので，素粒子に関する基礎研究や原子力利用のためには，モンテカルロ法は欠かせない道具です．また，モンテカルロ法は金融工学の分野でよく使われていて，価格評価やリスク評価のための必須の手法といわれています．このほか，生物の出生・生殖・死滅の過程，急性伝染病の伝播の過程，ネットワークの信頼性診断など，幅広い分野で活躍中です．

第 7 章
システムの最適化

蚊を殺すのに，刀を抜くな

——中国の諺

システムの選択

システム工学は，システムを合理的に設計し，運用するための理論と手法だ，と書きました．また，システムに関連のある多くの要素を見落とさずにうまくバランスをとり，全体として最適の姿にまとめ上げるのがシステム工学だ，とも書きました．システムやサブシステムのモデルをつくり，解析的に数学モデルを解いたり，シミュレーションを試みたりするのも，どうすればシステムが最適になるかを知りたいからにほかなりません．ところで，最適とか合理的とかいうのは，どのようなことなのでしょうか．最小の費用で最大の効果を得るのが最適だ，とお思いの方は，つぎの質問に答えてください．次ページの表は，投入した費用と得られる効果との関係を，3つの案について比較したものです．単位は，費用と効果が同じ単位でありさえすれば，どう考えていただいてもさしつかえありません．億円単位とでもしておきましょう．なるほど，A，Bの2

案を比較すると，B案のほうが
最も少ない費用で，大きな効果
を得ることができるので"最
適"であるにちがいありません．
けれども，B案とC案を比較

表7.1

	費　用	効　果
A　案	6	6.5
B　案	5	8
C　案	4	7

してみてください．"最小の費用で最大の効果を"という観点から
判定すると"最小の費用で"ではC案が最適，"最大の効果を"で
はB案が最適となってしまい，判定が下せないではありませんか．

　実をいうと，システム案の選択を迫られるとき，ほとんどの場合，
この悩みに遭遇します．A案のように，多くの費用を要しながら，
その割に効果があがらない案は，最後の選択まで生き残ることなく，
それ以前に捨てられてしまいますが，最後まで残った案は「非常に
効果があがるが費用も大きい案」か「効果はやや小さいけれど費用
も少ない案」であることが多いからです．したがって"最小の費用
で最大の効果を"というお題目は，たいていの場合，達成できない
と考えなければなりません．

　今度は，別の例でお話ししましょう．私がまだ若かったころ，片
道1時間半もの通勤を強いられていました．ラッシュによる肉体的
苦痛もさることながら，通勤による時間のロスに参っていました．
そこで，通勤時間節約のために，覚悟を決めて職場の近くに前進基
地としてのワンルームを買う決心をしました．これで1日当たり2
時間は勉強時間が浮くことになります．90分の通勤時間を完全に
節約するには勤務場所に隣接した前進基地を持てばよいのですが，
不幸なことに，当時の私の勤務場所は六本木にあり，中古のワン
ルームでも，呆れるほどの高値でした．当時と今ではずいぶん値段

がちがいますが，通勤時間ゼロのワンルームは2,500万円したと思ってください．いくら時間をカネで買う覚悟を決めたとはいえ，2,500万円の出費は許しがたいので，多少の通勤時間をがまんすればどうなるのか，いくつかの物件を調べてみました．

表7.2　調査して得た情報

物件	価格（万円）	通勤時間（分）	節約時間（分）	価格／節約時間（万円／分）
A	2,500	5	85	29.4
B	2,000	10	80	25.0
C	1,500	20	70	21.4
D	1,000	30	60	16.7
E	800	45	45	17.8
F	600	60	30	20.0

　調査した物件のAからFは，すべて自宅から勤務先への通勤途上にあり，広さもまったく一緒です．物件Aの通勤時間はたった5分ですむので85分もの節約になりますが，2,500万円もするため，片道1分を節約するのに29.4万円を要するかんじょうです．また，物件Fは600万円と6件の中でもっとも安い価格ですが，たった30分しか節約できないので，1分を節約するための費用は20.0万円になり，Aの場合と大きく変わりません．

　AからFまでのデータを比較してみると，時間をカネで買うという観点からは，物件Dがもっとも目的に適っています．1分を節約するための費用がいちばん安い，言いかえれば，同じ費用でいちばん多くの時間が買えるからです．

　節約時間と「片道1分を節約するための値段」との関係をグラフ

に描いてみました．横軸
は節約時間ですが，これ
はまた，自宅から職場ま
での通勤経路上の位置を
表わしているとも考えら
れます．見てください．
物件 D が，いちばん安上
がりに時間を買えること
が明瞭ではありませんか．

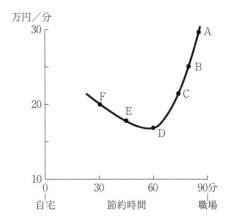

図 7.1　1 分を買うのになん万円かかるか

　くどいようですが，縦
軸を「1,000 万円の値段
で節約できる片道の時
間」としてグラフを描く
と図 7.2 のようになりま
す．1,000 万円という一
定の費用でどれだけの通
勤時間が節約できるか，
言いかえれば，同じ費用
でどれだけの効果を生む
かを比較して，D がもっ
とも優れている物件であ
ることが語られています．

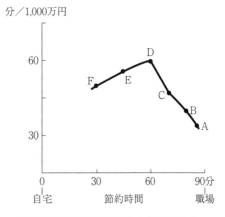

図 7.2　1,000 万円でなん分買えるか

　両者ともに，効果と費用との比をものさしにして，優劣の判定が
なされています．このような評価の尺度は，**費用対効果**（cost
effectiveness）と呼ばれます．そして，費用対効果を尺度にいくつか

の案の優劣を分析検討することを**費用対効果分析**(cost effectiveness analysis)とか**費用便益分析**(cost benefit analysis)などと呼びます.

　なお，費用は必ずしもカネであるとは限りません．労力であったり，使用する土地や床の面積であったり，時間であったりします．したがって，投入する資源と解釈すればよいでしょう.

山登り法

　山登り法は，常にゴールに最も近づく経路を選択して進んでいく，最も直接的な探索手法です．地図もなく，見通しがきかなくても，高い方，高い方へと昇っていけば，いつかは山頂(ゴール)に到達するだろう，という考え方です．ある変数を少しだけ変化させてみます．その影響で，他の変数もいくらか変化するかもしれませんが，結果的に目的関数が大きくなったなら，その変数を同じ方向へもう少し変化させます．目的関数が小さくなるようなら，反対の方向へ変数を変化させればよいわけです．つぎに，別の変数についても同じことを試みます．さらに，別の変数についても……．こうして，少しずつ目的関数を大きくしていき，どの変数を，プラスとマイナスのどちらへ変化させても，目的関数が小さくなるところを見つければ，それが最適化されたシステムの姿です.

　山登り法によれば，解析的には解きようのない複雑なシステムでも，いつかは必ず最適の姿を見いだすことができます．けれども，山のまわりをらせん状に回ったり，不必要にジグザグを繰り返したりすると，探索すべきケースの数がみるみる増大して，現実的な時間のなかで答えを見つけることが困難な状態になります．このよう

な状態を**組合せ的爆発**といいます．爆発をおさえるためには，たとえば，最も勾配が急な方向に足を踏み出すようにするなど，経験的な知識をコンピュータに教え込んでおく必要があります．このような経験的な知識を用いた探索の方法は，**ヒューリスティック探索**（heuristics search）と呼ばれます．

　上の絵を見てください．A点から山登りを開始したとして，しゃにむに高いほうを目がけて登っていくわけですから，本当の頂上は別にあることに気づかずに，もっと低い見せかけの頂上に登ってしまい，本当の頂上にたどり着けなくなってしまいます．だから，出発点を変えてやらなければなりません．したがって，本当の頂上にたどり着かせるためには，あらかじめ何らかの方法で頂上付近の地形をコンピュータに教えて，出発点を決めてやる必要があります．

最適化の注意

　最適化の考え方を整理すると，つぎのようになります．いくつかの変数をいろいろに変化させると，システムの特性を表わす目的関数が大きくなったり小さくなったりする．目的関数は，利益や信頼

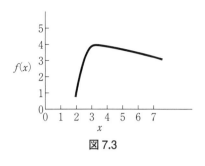

図 7.3

度などのように大きければ大きいほど望ましい場合と，必要経費や故障率のように小さいほうが望ましい場合とがあるが，それに対応して目的関数を最大または最小にするように変数を決めてやれば，システムは最適化される，ということです.

なるほど，原則的にはそのとおりです. けれども，実際には注意しなければならないことが，たくさんあります. たとえば，図 7.3 を見てください. システムの効果 $f(x)$ が，ある変数 x によって図のように変化するものとしてみましょう. いままでの考え方では，x を 3 にすればシステムが最適になるはずです. 単純に考えれば，それはうそではありません. けれども，どんな場合にも誤差はつきものです. x を 3 にしようとしたとき，なんらかの誤差のために，それが 2 になってしまったらどうでしょうか. システムの効果は，たちまちゼロに近くなってしまいます. そのくらいなら，はじめから x を 4 にしておけば，効果はいくらか減りますが，多少の誤差が生じても，システムは満足できる効果を生むので安心です. x がちょっと変化すると $f(x)$ が大きな影響を受けることを「**感度がよい**」といいますが，このシステムの効果 $f(x)$ は，x が 3 以下のとき，x に対して感度が良すぎるのです.

人間の場合は，感度バツグンが尊重されるかもしれませんが，システムの特性については，感度が良すぎるのは好ましくありません. せっかく最適をねらっても，ちょっとした環境の変化やわずかな誤

感度がよすぎるのは危険

差で最適が大きくくずれるからです．システムを設計する場合には，
システムの感度を危険のないところまで下げる配慮も必要です．ま
た，前の図のように最適値の片側だけ感度が良すぎるなら，多少の
効果を犠牲にしても，感度の悪いほうへ設計点を移動することも必
要です．

　こういう設計は，現に，しばしば行なわれています．たとえば，
ジェット・エンジンの圧縮器を設計する場合に，ある変数を小さく
していくと，圧縮器の性能はどんどん上昇するのですが，変数が
"ある値" より小さくなると，突然，性能が極端に悪くなります．
そこで，設計者は多少の性能低下をがまんする代わりに，性能の極
端な低下を確実に避けられるよう，変数を "ある値" よりかなり大
きめに決めて，設計を行なっています．

　つぎの例はどうでしょうか．複雑で高価な機械があるとします．
この機械は 100 トンまでの荷重に耐えて仕事をするよう設計されま
した．へたな設計者が設計すると強度計算がまずいので，ある部分

は100トンちょうどでこわれるのに，他の部分は200トンの荷重で
もこわれないほど頑丈です．どうせ，100トンの荷重がかかれば使
いものにならなくなるのですから，200トンにも耐えるような丈夫
さはムダというものです．ムダのせいで，機械の価格は高くなって
いるにちがいありません．ふんだんにカネをかけて，1000年もこ
われない入れ歯をつくるようなもので，もったいない話です．じょ
うずな設計者なら，100トンの荷重がかかったとき，各部分がいっ
せいにこわれるように強さを配分します．これなら，まったくムダ
がない最適な設計ということができそうに思えます．

　しかし，ほんとうにこれが最適の設計でしょうか．純粋な理くつ
では，そうかもしれませんが，現実の問題としては疑問があります．
100トンの荷重がかかったとき，容易に発見できて，簡単に交換で
き，しかも，そこがこわれた場合，他の部分に荷重が伝わらないよ
うな部品だけが，かぽっとこわれるように設計するほうが，すぐれ
た設計といえるのではないでしょうか．なぜなら，その部品だけを
交換してやれば，高価な機械が，また息を吹き返すからです．こう
いう部品は，メカニカルヒューズと呼ばれて，熟練した設計者は巧
みにこれを利用します．力を伝える軸の一部などを，わざと他の部
分より少しだけこわれやすいようにしておくのです．

　システムを最適化するとき，学問的なかっこよさにとらわれて
"最適化"をきれいごとですませるのは危険です．幅と柔軟性を持っ
たセンスで最適化に取り組む必要があります．

　現実の問題としては"最適"がすんなりと求められないことが少
なくありません．めったに求められない，といっても過言ではない
でしょう．そういうとき"最適"が見つからないからとシステム設

計を投げ出してしまうようでは，システムエンジニアの資格があり
ません．システムエンジニアは，とにかく，できる範囲で最善をつ
くす心構えが必要です．"最適の解"が見つからなければ"満足で
きる解"を見つけるのです．システムに対する要求は"最適"であ
ることより，許容水準以上であることのほうがふつうです．許容水
準を上まわった解が見つかれば，一応"満足できる解"と考えてよ
いのではないでしょうか．いたずらに最適を追い求めるばかりでな
く，どの範囲なら満足してよいのかも，考える必要があります．

PERT

　都心では，"大工の棟梁"が差配して家を建てている場面に遭遇
することは，とんとなくなりました．都心では新築の戸建住宅その
ものが少なくなりましたし，たまに見かけても，工場でつくった
パーツを組み立てるだけの，プラモデルのような住宅なので，これ
では大工の棟梁が活躍することはありません．かつて大工の棟梁は，
庶民の中の権威でした．もちろん，厳しい能力が要求されていて，
カンナやノミに熟達していることは当たり前のこととして，何人か
の部下を統率する力量も必要とされていました．そして，それにも
増して必須の実力は，家を建てる手順を熟知していて，左官，石工，
とび職，電気工，配管工などの仕事をコントロールできる能力でし
た．つまり，システムエンジニアのミニ版だったわけです．
　一軒の住宅が建築される現場をご想像ください．砂利，砂，セメ
ント，いろいろな寸法の材木と板，屋根や壁の材料，何十種類もの
建具類，換気扇や便器などの衛生器具，配管や配線，その他さまざ

まな小間物……. ずいぶんたくさんの部品で狭いながらも楽しいわが家ができ上がっています. これらを運びこむ順序や組み立てる手順をちょっとまちがえると, 大きな損失が発生します. つぎの作業にかかれないために, 職人を遊ばせてしまったり, せっかく取り付けた部品を取り外してやり直すはめになったりするからです. たった1軒の住宅を建築するだけでも, 素人や経験の浅い職人では, とてもめんどうがみきれません.

　大きなシステムの建設には数年を要することも珍しくありませんが, そういうとき, "工期"は重要な意味を持ってきます. 1年も遅れると, 金利だけでたちまち数億円もの損害がでるくらいです. 金利ばかりでなく, 環境との関連によっては, 1年遅れたらシステム建設の意味がないと思われることも少なくありません. 国産旅客機 YS11 は, あと2年早く完成していたら, その売行きは, 世界市場でとんでもない数字にはなっていたと考えられます.

　大規模なシステムを建設する場合, 建設に必要な手順はおそろしく複雑です. どのように段取りすれば, ムダ作業が発生せず, 工期が短くてすむのか, また, 工期を短縮するには, どういう手を打てばよいのか, 頭の中がかっかとするばかりで, とても理解ができません. こういうとき利用されるのが **PERT**(Program Evaluation and Review Technique：パート)です.

　パートは, まず作業の手順を**ネットワーク**に描くことから始まります. 図7.4を見てください. 物置をつくる手順をネットワークにしてみました. 塗装もせず, 電灯もない物置小屋ですが, それでも段どりの良し悪しによっては, 工期がちがってきます. ネットワークは, ○で描かれた**イベント**(event：出来事)と, 矢印で示された

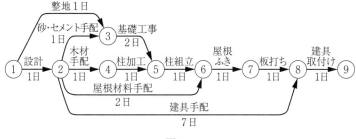

図 7.4

アクティビティ(activity：活動)の連鎖で構成されています．①は
開始というイベントですし，②は設計完了というイベントです．ア
クティビティは活動ですから，原則として，作業に要する時間が必
要です．図には，必要な日数を書き込んでおきました．

　ネットワークを描くときには，つぎの約束にしたがってください．
第一は，○から出る矢印は，○に入ってくる矢印がぜんぶ終了して
からでないと作業ができない関係になければいけません．たとえば，
③では，整地と砂・セメントの手配の両方が完了した後でないと，
基礎工事にかかれないことを示しています．第二は，ある○が終
わったときにスタートできるアクティビティの矢印は，その○から
出してしまうということです．建具手配は，④のあとでも⑤のあと
でも可能ですが，②が終わったときには可能になるので，②から矢
印を出してください．第三の約束は，二つの○の間にある矢印は一
本に限るということです．しかし，二つの作業が同時に始まり，そ
の両方が終わらないと，つぎの作業が始められないことも少なくあ
りません．そのときには，次ページの図 7.5 の右下のように架空の
○を追加し，架空の矢印を点線で入れます．点線の矢印は**ダミーア**

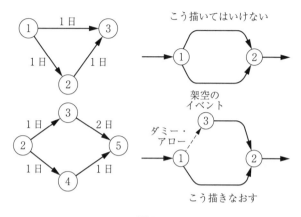

図 7.5

ローと呼ばれ，所要時間ゼロの架空の作業を意味しています．

　つぎに進みます．物置づくりのネットワークから①，②，③の関係だけを取り出してみると，図 7.5 の左上のような三角関係になっています．①—②—③が終わるのに 2 日を要するのですから，①—③は 1 日の余裕を持っていることになります．この余裕は，**フロート**と呼ばれます．

　つぎに，②，③，④，⑤の関係を取り出してみましょう．こんどは，四角関係です．②—③—⑤と②—④—⑤とを比べると，②—④—⑤のほうが 1 日の余裕を持っています．けれども，この余裕は，②—④と④—⑤のそれぞれが 1 日ずつ遅れてよいという意味ではありません．②—④—⑤の全体で持っている余裕なので，**トータルフロート**といいます．また，④—⑤は，たとえ 1 日遅れても，他の作業にはなんの影響も及ぼしません．このように，他の作業にはなんの関係もない余裕を**フリーフロート**と呼んでいます．②—④は，1

日遅れても全体計画には影響しませんが，引き続き行なわれる④—
⑤の作業のスタートが遅れますので，フリーフロートとはいえません．

　さて，問題は，全体計画の日程を決めてしまっているのは，どの
アクティビティだろうか，ということです．つまり，まったくフ
ロートがなく，その作業が1日遅れれば，全体計画も1日遅れる作
業はどれだろうか，ということです．それがわかれば，そのアク
ティビティを重点的に管理していけば，予定どおりの日程でシステ
ム建設が終わるはずだし，もっと積極的にそのアクティビティを短
時間で終了させる手を打てば，工期は短縮できるはずです．フロー
トのまったくないアクティビティを連ねた経路は**クリティカルパス**
(Critical Path) と名づけられています．

　クリティカルパスを求める手順はつぎのとおりです．図7.6のい
ちばん上の図は，物置づくりのネットワークです．①から⑨にいた
る経路は，

①—③—⑤—⑥—⑦—⑧—⑨

①—②—③—⑤—⑥—⑦—⑧—⑨

①—②—④—⑤—⑥—⑦—⑧—⑨

①—②—⑥—⑦—⑧—⑨

①—②—⑧—⑨

の5種類しかありませんから，それぞれの所要日数を計算して比較
すれば，最も大きい経路がクリティカルパスです．経路の数が少な
いときはこれでよいのですが，もう少し複雑なネットワークでは，
こんなに簡単にはいきません．すべての経路を見落とさずに列挙す
るだけでも，頭がくらくらしてきます．頭がくらくらするのを避け

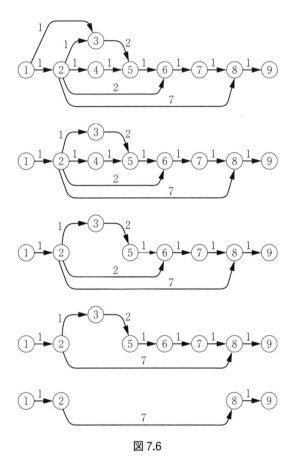

図 7.6

るためには，つぎのように考えていきます．

　まず，①—③と①—②—③とを比べてみましょう．①—③には1
日のフロートがあるので，クリティカルパスが①—③である気づか
いはいりません．①—③の経路を消してしまいましょう．2番めの
図になりました．

　つぎに，②―③―⑤と②―④―⑤を比較します．②―④―⑤には
1日のトータルフロートがあるので，クリティカルパスが⑤を通る
にしろ，通らないにしろ，②―④―⑤がクリティカルパスの一部で
あることは，ありえません．そこで，②―④―⑤を消してしまうと，
3番めの図になります．ここでは，②―③―⑤―⑥と②―⑥を比較
します．②―⑥には，2日もフロートがあるので，②―⑥がクリティ
カルパスになるはずがありません．②―⑥を消して4番めの図がで
きます．

　②―③―⑤―⑥―⑦―⑧と②―⑧を比較すると，②―⑧のほうが
所要日数が長いので，クリティカルパスは②―⑧を通ることがわか
ります．求められたクリティカルパスは，①―②―⑧―⑨で，所要
日数は9日です．つまり，物置づくりでは，建具手配が全体の工期
を支配していて，これが遅れれば，その分だけ確実に工期が遅れる
し，これが短縮できれば，工期は縮まることがわかります．もっと
も，クリティカルパスの一部をぐっと短縮すると，他の経路がクリ
ティカルパスになるので，なかなかめんどうですが……．

　イベントが100ぐらいまでは，経路の比較を根気よくくり返せば，
クリティカルパスは求まります．けれども，イベントが数百にもな
ると，手計算ではとても付き合いきれません．大規模なシステムで
は，イベントが数千，数万になってしまうので，コンピュータに活
躍してもらわなければなりません．PERT用のプログラムは，ちゃ
んとでき上がっていて，イベントの番号と，イベントにはさまれた
アクティビティの所要時間をインプットしてやれば，たちまち，ク
リティカルパスを見つけてくれるしかけになっています．

　ここでは，工期のことしか考えませんでした．けれども，工期に

148

は，たいてい費用がからんでいます．アクティビティの所要時間を短縮しようとすれば，特殊な機械や資材を使ったり，残業をしてもらったりするので，費用がかさむのがふつうだからです．費用のことも考慮に入れたパートも開発されていて，CPM(Critical Path Method)と呼ばれています．また，工期のことしか考えないパートと，CPM とを対比させて，

PERT ／ TIME

PERT ／ COST

と使いわけることもあります．

なお，PERT に似た手法に**アロー・ダイヤグラム法**がありますが，ほぼ同じだと考えていただいてよいでしょう．ちなみに，起源はPERT にあります．

動的計画法

図7.7 を見てください．左端の A から出発して右端の I へ行こうと思います．途中 B ～ H まで7カ所の分岐点があり，分岐点を結

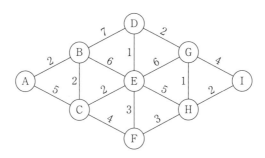

図7.7　A から I への最短ルートは？

ぶルート上の数字は所要時間を示しています。A から I までいちばん早く移動できるルートを見つけてください。

　この問題の特徴は，最適解を追究するための決心が多段階であることです。まず，出発点 A で B に向かうか C に向かうかの二者択一に迫られ，かりに B 点に着いたとすると，そこで C，D，E の 3 つの出発方向を選ばなければなりません。最小でも 4 回，最大で 8 回もの決心が必要になるのです。

　問題に戻りましょう。A 点から出発方向を決めるときに，B までは 2 時間，C までは 5 時間かかるから，とりあえず近いほうの B に向かって出発しようという選択は，いつも正しいとは限りません。その証拠に，C に行く場合でも，C に直行するよりも，B を経由して C に行くほうが近いではありませんか。

　したがって，A 点で最初の決心をするときに，I までのルートを見通してから第一歩を踏み出さなければなりません。調べてみると，A から I までのルートは 64 とおりもあります。それらの全部の所要時間を求めて比較してからでないと第一歩を踏み出せないので，これはたいへんです。

　そこで，**動的計画法**(Dynamic Programming)の出番です。いままでのことはさておき，これからのことに最善を尽くそうというのが動的計画法の思想です。具体的には，つぎのとおりです。終着点 I のほうから糸をたぐります。図 7.8 を見てください。

　(1)は図 7.7 と同じです。I に到達するには，必ず G か H を通らなければなりません。まず，G 点に立っていると思ってください。G 点に立つまでにいくつかの分岐点を通過してきたわけですが，それが最短であったかどうかはさておき，G から I への最短のルートを

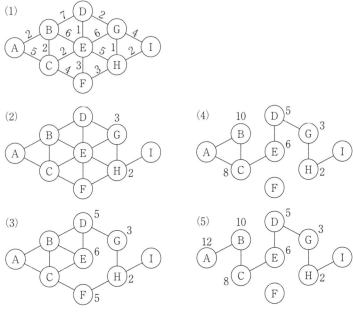

図7.8　最短ルートを発見

探してください．直行するルートとHを経由して行くルートの2つがありますが，

　　　G－I　　　は　4時間

　　　G－H－I　は　3時間

ですから，G－H－Iのルートのほうが優れています．つぎに，H点に立っている場合はどうでしょうか．

　　　H－I　　　は　2時間

　　　H－G－I　は　5時間

ですから，H－Iの直行ルートの勝ちです．すなわち，終着点Iの

前の通過点が G であっても H であっても，最後は H － I ルートを通るのが最善の策ですから，G － I のルートは必要がないはずです．

　そこで，必要のない G － I のルートを消してしまったのが図 7.8 の(2)です．別に消さなくても困りませんが，消しておいたほうが考えやすいので，そうしました．まえに A から I までのルートは 64 とおりもあると書きましたが，このネットワークは上下が対称なので，半分の 32 とおりは G － I のルートを通るはずですから，この 32 とおりが，一挙に候補から消え去ったことになります．

　また，H から I までは 2 時間かかるので，H の脇に 2 と書き，G から I へは H を経由しても 3 時間で行けるので，G の脇には 3 と書いておきましょう．

　つぎに進みます．G か H に到達するには必ず D か E か F を通らなければならないので，まず D 点に立って，D に到達するまでの経緯は気にせず，I をめざして最善を尽くそうと思います．I に行くには H を通る必要があることが明らかになっているので，D から H へのルートを最善にすればよいはずです．D から H への各ルートの所要時間は，

　　　D － G － H　　　は　3 時間
　　　D － E － G － H は　8 時間
　　　D － E － H　　　は　6 時間
　　　D － E － F － H は　7 時間

なので，D － G － H が最短ルートであることが判明します．同様に E から H へは，

　　　E － D － G － H は　4 時間

が最短で，また F から H へは，

  F － H　は　3 時間

の直行ルートが最善なことも，難なく見破れます．したがって，
D － G － H，E － D － G － H，F － H は，今後の検討次第では使
われる可能性があるルートですが，E － G，E － H，E － F のルー
トは使われる可能性がないので，図から消してしまいます．それが
(3)の図です．

  ついでに，D から G までは 2 時間かかりますから，G の肩にあ
る 3 に 2 を加えた 5 を D の肩に書き加えてください．これは，D
から終着点 I まで，5 時間が最短であることを意味しています．同
様に，E からは D － G － H を経由して I まで 6 時間，F からは H
経由の直行便で I まで 5 時間です．

  ここまでくれば，作業は終わったも同然です．D，E，F に到着
するためには B か C を通らなければなりませんから，B と C のそ
れぞれから，H までの各ルートの時間を比較してみてください．い
くつかのルートはすでに消されているので，手数はかなり減ります．
B からは，

  B － D － G － H　　　は　10 時間

  B － E － D － G － H　は　10 時間

のように引き分けのルートもありますが，いちばん早いのは，

  B － C － E － D － G － H　8 時間

であることがすぐわかりますし，また C からは，

  C － E － D － G － H　6 時間

が最短ルートであることがすぐわかります．では，この 2 つのルー
トに無関係なルートを消してしまいましょう．こうして，図 7.8 の
(4)のでき上がりです．C から E へは 2 時間なので C の脇には 8 を，

BからCへも2時間なのでBの上には10と記入します.

　さて,いよいよ最後の瞬間が訪れました.AからCに行くには直行よりもBを経由するほうが早かったわけですから,A－Cのルートが消されて全ルートが確定しました.出発点Aから終着点Iまでの所要時間は12時間……,これが,この問題の最適解です.このように,最終目標の手前から順に最善を積み重ねていけば,全体として最善になるにちがいないというのが,動的計画法の思想です.動的計画法の精神のよりどころは,**最適性の原理**と呼ばれています.最適性の原理とは,「決定の全系列にわたり最適化を行うには,ある段階での決定がどうあろうとも,その状態に関して残りの段階での決定が最適決定でなければならないという原理」(JIS Z 8121「オペレーションズリサーチ用語」)です.

　なお,ここでは,動的計画法の具体例として,すじ道は確定的であっても,出発点のほうから最適解を探したのでは複雑すぎて手に余るような問題を,終着点のほうから解きほぐすことによって最短ルートを見つけましたが,動的計画法は,すじ道が偶然に左右される確率的な場合やゲームのような相手がある場合についても適用できます.

関連樹木法

　スケールを大きくいきましょう.国家システムについて考えてみます.有限の国家予算を使い,立法と行政を通じて,国家システムの最適化をはかりたいのです.しかし,これはおそろしくむずかしい問題です.価値判断の基準や尺度がまったく異質の事業を比較し

こういう難問にも答えなければならない

なければならないからです．100kmの高速道路と，1万戸の庶民
用住宅と，どちらが重要でしょうか．文化財の保護にかける1億円
と，港湾施設に投ずる1億円と，どちらが日本のためでしょうか．
毎年3千人以上の生命を奪っても，自動車は日本の道路を走り続け
てよいものでしょうか．性の自由化をうったえる声があっても，や
はり一夫一婦制を法律的に擁護するのがよいのでしょうか．一筋な
わでも二筋なわでもいきません．「私と仕事とどっちがたいせつな
の」と迫る女性の質問にも似て，質の異なるものを正確に比較する
ことは，もともとムリなのです．こういう問題がからんだシステム
を最適化する場合，定量的なモデルをつくることが，おそろしく困
難です．だからといって，国家的なプロジェクトの決定をヤマ勘で
下すわけにはいきません．何か，科学的な最適化の手段はないで
しょうか．

　これに応えるのが関連樹木法(Relevance Tree)などと呼ばれる

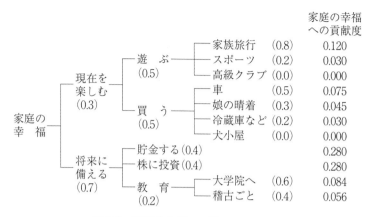

図7.9　家庭の幸福への効き目を調べる

手法です[＊]. 宝くじで1億円を当ててしまったと思ってください. 普段つつましい生活を強いられている私としては, どうせあぶく銭なのだから, 銀座のクラブで高級なお酒を開けてみたいと思うものの, マイホームを購入しようか, それとも子どもたちに教育投資するほうが楽しみが残るだろうかと, 迷うばかりで考えがまとまりません.

　加えて女房は, 新しいテレビが欲しいとか, 免許とりたての息子はポルシェ911の新車をと主張するし, 成人式が近づいた娘は振袖が最低の要求だとゆずらないし, とんでもない難問を抱える羽目になってしまいました. まるで質の異なるものどうしを比較して優先順位をつけようというのですから, これは難問です. この難問を解く鍵はウェイト付けです.

　図7.9を参照しながら, 「家庭の幸福」に貢献するさまざまな要

＊　関連樹木法には, FTA(Fault Tree Analysis), KJ法, 特性要因図などがあります.

素にウェイトを配分してみます．まず，「現在を楽しむ」ことと「将来に備える」ことが，どういう割合で貢献するかを家族会議でも開いて決めてください．つぎに，「現在を楽しむ」に対して「遊ぶ」と「買う」とを協議します．つづいて，「遊ぶ」に対して「家族旅行」「家族ぐるみのスポーツ」「親父のクラブ遊び」が，どういう割合で貢献するか競技します．

　協議の結果，家族旅行，スポーツ，クラブ遊びに8対2対0のウェイトが付けられました．これを貢献度という立場からみると，「家族旅行」は「遊ぶの」8割を占め，「遊ぶ」は「現在を楽しむ」の5割を占め，そして「現在を楽しむ」は「家庭の幸福」の3割を占めていますから，「家族旅行」が「家庭の幸福」の中に占める貢献度は，

$$0.8 \times 0.5 \times 0.3 = 0.12$$

ということになります．したがって，1億円の12%，つまり1,200万円を家族旅行にさいてもよさそうです．豪華客船で世界一周もできそうです．

　「幸福」や「愛情」「能力」など，定量化が困難なものを数値化することを**数量化**といいますが，複雑化，多様化している現代社会で，科学的な根拠に基づいた判断をするための有効な技術です．

システムと最適化

　一般に，システムは大規模で複雑です．そのため，システム全体のモデルをつくったり，一挙にシステム全体を最適化したりすることが困難である場合が少なくありません．そのときには，サブシステムやサブサブシステムごとに最適化を行ないます．最適なサブシ

ステムを集めれば，最適なシステムができ上がろうという寸法です．
それはまちがいだ，良い部品を集めさえすれば，良い全体ができる
という考えを否定したところに，システムの概念が芽生えたはずだ，
と思われた方は，冴えています．そのとおりです．

　けれども，ここでいう部分ごとの最適化は，部分を単独で最適化
しようというのではありません．他の部分との関連を考慮したうえ
で最適化しようというわけです．そのためには，ある部分を最適化
するときの制約条件として，他の部分との関連が導入されることに
なります．詳しい手法は，あまり専門的になるので省きますが，シ
ステムを分解して，部分ごとに，他の部分との関連において最適化
をはかることによって，全体最適を達成することができるようにな
るのです．

　この章では，システムを最適にするためのいくつかの手法を説明
してきました．したがって，モデルをつくったり，シミュレーショ
ンをしたりすることも，システムを最適化するための準備段階で
あったことになります．けれども，シミュレーションや最適化の手
法をシステムについての問題意識なしで眺めたのでは，一見なんの
つながりもない，ばらばらな手法のら列にしかすぎません．システ
ムを最適にするにはどうすればよいか，という問題意識の上に立ち，
対象とするシステムの性質やその目的によって最適化の手法を使い
分けることによって，はじめて最終の目標であるすぐれたシステム
を建設し，運用するための血の通った手法となるのです．

第 *8* 章

効用と意思決定

人間がこの世に存在するのは，金持ちになるためでなく，
幸福になるためである

——スタンダール
（18世紀フランスの小説家）

ウェーバー・フェヒナーの法則

　「世界幸福度調査」という幸福調査のレポートが，国連の関連機
関から毎年発行されています．2019年のランキングでは，1位フィ
ンランド，2位デンマーク，3位ノルウェーの順です．では，GDP
の上位3か国はどうなっているのでしょうか．アメリカ19位，中
国93位，わが日本は58位と散々です．GDPだけみれば，まちが
いなく日本は豊かな国ですが，豊かさと幸福さとは，関係がないの
でしょうか．豊かになって，かえって欲求不満の人たちがふえてし
まったのでしょうか．

　人工的なシステムを建設する究極の目的は，人類の幸福にあるの
だと私は信じています．そして，多くのシステムは，豊かさをつく
り出すことが人間の幸福をつくり出すことになるという前提に立っ
ています．豊かさをつくり出すことを当面の目標にして設計され，

建設されるのです．それにもかかわらず，豊かさと人間の幸福とは
関係がないなどといわれると，困ってしまいます．

　そこで，豊かさと人間の幸福の関係，いいかえれば，ゼニ勘定と
人間の喜びの関係を調べてみる必要がでできます．ところが，ゼニ
勘定のほうは，単位が円にしろ，ドルにしろ，万人に共通な尺度が
あるので議論ができますが，喜びのほうは共通の尺度が用意されて
いません．そこで，まず，人間の感覚がどういう性質を持っている
かを調べる必要があります．

　人間の感覚については，すべてがわかっているわけではありませ
ん．けれども，重要な手がかりを与えてくれそうな法則があります．
手のひらに 1 キログラムのおもりを乗せたとします．目をつぶって
じっくりと重さを味わっていると思ってください．おもりの上に
そっと 10 グラムの重さを追加します．手のひらに感じている重さ
は変わりません．では，10 グラムでなく，20 グラムを乗せたらど
うでしょうか．まだ，気がつきません．それでは，30 グラムを追
加してみます．こんどは，重くなったことに気がつきました．つま
り，1 キログラムのものが 30 グラム変化したら，それを感じとる
ことができたのです．それでは，手のひらに乗っていたおもりが 1
キログラムでなく，100 グラムであったらどうでしょうか．やはり，
30 グラムぐらい追加しないと，重くなったと感じないでしょうか．
そうではありません．こんどは，3 グラムぐらい追加するだけで，
重くなったことを感知できるのです．手のひらの圧覚は，数 10 グ
ラムから数キログラムの範囲では，重さの 30 分の 1 ぐらい変化す
ると，重さの変化を感知することができるのです．

　明るさについても，ほぼこれと同じです．100 ルクスの明るさが

1 ルクスだけ変化すると明るさが変わったと感知できるなら,50 ルクスの明るさは,0.5 ルクスだけ変化すれば気がつくし,200 ルクスの明るさは 2 ルクス変わらないと感知することができません.

　一般的に,ある刺激 R を感じているとき,ΔR だけ刺激の強さを変化させると,その変化を感知できるものとすると,

$$\frac{\Delta R}{R} = 一定$$

と書くことができます.これを**ウェーバーの法則**といいます.この実験結果をもとにして,フェヒナーという人が,つぎの法則を導きました.$\Delta R/R$ だけ刺激が変化したとき,やっと感知できるのだから,この量は感覚の微小変化 ΔS に正比例するはずだと考えたのです.すなわち,

$$K\frac{\Delta R}{R} = \Delta S$$

です.そして,ΔR と ΔS は,R と S(感覚)の微小変化だからというので,それぞれ R と S の微分とみなして,両辺を積分すると,

$$S = K \log R + C$$

となります.つまり,人間の感覚は,刺激の強さに正比例するのではなく,刺激の強さの対数に比例するということです.これを**フェヒナーの法則**といいます.

　この数学モデルのつくり方には,少々ごまかしがあるので,数学的取扱いについては完璧とはいえません.けれども,刺激の強さが常識的な範囲にあれば,この法則が実際の姿をよく表わしていることが経験的に認められています.

限界効用逓減の法則

　ウェーバー・フェヒナーの法則をゼニ勘定のほうへ拡大してみると, つぎのようになります. 1000 万円持っている人が 10 万円もらったときに, やっと喜びを感ずるものとします. そうすると, 100 万円持っている人は 1 万円もらえば喜ぶはずですし, 1 万円しか持っていない人は 100 円もらっても喜ぶことになります.

　このことは, ゼニ勘定ばかりでなく, 社会生活のいたるところで見られます. のどが渇いたとき, コップいっぱいの水は何物にも代えられません. けれども, 2 はい目になるとありがたみは薄れてくるし, 3 ばい目ともなれば, ありがたいとさえ思わないでしょう.

　1 人目の子どもは大切にするのに, 2 人目, 3 人目となるとだんだん放りっぱなし, 初舞台の感激は忘れられないのに, 舞台を重ねるにつれてマンネリズムに陥りやすいなど, 数えたらきりがありません. また, ゼニ勘定でいうなら, 貧しいときには 1 万円の出費でも血を吐く思いなのに, 小金が溜ってくると 1 万円ぐらいの無駄遣いは気にもとめなくなります.

　このような感覚をグラフに描いてみると, 図 8.1 のようになるといわれています. 横軸に金額, 個数, 回数などの量をとり, 縦軸にはそれから感じる有難さ——これを**効用**といいます——をとると, 効用は量に比例して直線的に増大するのではなく, 量の対数に比例してしか増大しないのです.

　経済学では, ある財(モノおよびサービス)を 1 単位追加することによって得られる効用の増加分のことを**限界効用**といいます. 一般的に, 消費する財がふえるほど限界効用は減少する性質があり, こ

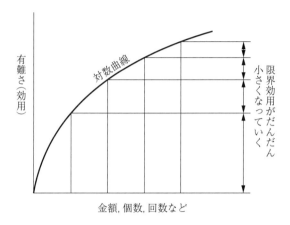

図 8.1 効用曲線

れを**限界効用逓減の法則**と呼びます．のどが渇いたとき，最初の
コップいっぱいの水に 300 円の効用限界があるとすれば，2 はいめ
の水は 100 円，3 ばいめの水は 50 円というように，限界効用が逓
減していく，ということでしょう．

　このような観点に立つなら，個人レベルばかりでなく，企業レベ
ルでも，あるいは国家レベルでも，金銭や資源などの量で表される
利益や利得の大きさで価値判断するのでなく，それらが生み出す効
用の大きさによって価値を測るのが，ほんとうだと思います．意思
決定者に対して金額を物差しに「最善」を提案するのではなく，効
用を物差しとして，効用が最大になるように提案すべきではないか
と思うのです．

　ところが，ここに困った問題があります．限界効用の逓減の仕方
は，時と場合によって極端に異なるのです．つまり，効用曲線の対
数の底が一定ではないのです．そのうえ，効用はかなり主観的に決

まりますから，いつも万人に共通な値になるとは限りません．したがって，同じ条件のもとでは同じ結果になるという再現性に乏しいため，科学の対象としては扱いにくいのです．

けれども，逆の立場から見るなら，効用こそ個人の価値観そのものであり，経営者の理念の表れだといえます．金銭や資源などを物差しにして最善を追究し，それを，効用を物差しにした最善に換算したうえで決断するのが正しいと思います．

なお，ゼニや物に対する煩悩から解脱することが，幸福を得る途だと教える哲学者や宗教家がたくさんいます．けれども，物質やエネルギーと対等に並ぶ概念として情報も入れてみれば，ゼニや物に対する煩悩から解脱しようとすることは，他人にはない情報を手に入れようとする欲望だと考えられます．つまるところ人間は，欲望が満たされることに喜びを見いだしているのだと思います．そして，その欲望が満たされる程度が効用なのです．

確率と効用

人間の喜び，つまり効用を定量的に表現しようとするときに，確率がからんでくると，もっとめんどうになります．

確率がからんだものごとの価値を公平に判断する概念は**期待値**です．たとえば，サイコロを振って，・が出たら300円をもらう約束をしたとしましょう．6回に1回の割合で・が出て300円もらえますが，6回に5回の割合で・が出ないために，1円ももらえません．したがって，平均的にみれば1回当たり，

$$\frac{1}{6} \times 300\ \text{円} + \frac{5}{6} \times 0\ \text{円} = 50\ \text{円}$$

もらえると考えるのが合理的です．もし，⚀のときには 300 円，それ以外のときには 60 円もらえるという約束なら，平均して 1 回当たり，

$$\frac{1}{6} \times 300\ \text{円} + \frac{5}{6} \times 60\ \text{円} = 100\ \text{円}$$

もらえると考えるのが公平なところです．こういう値を期待値といいます．いいかえれば，期待値は，1 回の試みに期待できる利得ということができるでしょう．

　1 枚 300 円で売られている宝くじの期待値を計算してみると，一枚当たりおよそ 135 円になります．1 枚当たり 135 円しか期待できない宝くじを買うのは，損ではないでしょうか．平均的に見れば，明らかに損です．そのため，発売元の自治体がもうかって，小学校や公園の整備，防災対策などに収益金をまわすことができるのです．

　平均すると 135 円しか当たらない宝くじが，1 枚 300 円で売れるのはなぜでしょうか．世の中の人は，損をするのが好きなのでしょうか．これには，期待値だけでは説明できない何かがあるようです．

　この謎を解く鍵は効用です．世の中の人は損をするのが好きなのではなく，期待値は 135 円しかないけれど，ひょっとすると数億円の大金がころがりこむかもしれないし，ひょっとしなくても，たかだか 300 円の損失ですむと，宝くじに 300 円以上の効用を見いだしているのです．したがって，宝くじの場合，効用が数学的な期待値をぐんと上まわっていることになります．

　反対に，こういう場合を考えてみてください．ここに 1 枚のくじ

があります．このくじは，10 分の 1 の確率で 100 万円当たります．したがって，期待値は 10 万円です．ですから，このくじを 1 枚 10 万円で売り出せば，発売元にとっても買手にとっても公平です．さて，10 万円で売り出して売れるでしょうか．きっと，ほとんど買手がつかないでしょう．では，1 枚 8 万円に値下げしたらどうでしょうか．期待値からいえば買ったほうが得です．けれども，売れそうもありません．10 に 9 つはくじがはずれて 8 万円損をしてしまうのですから，そのこわさのほうが，10 に 1 つの割合で 100 万円を獲得する期待を上回ると思われるからです．ふつうの人は，このくじには期待値を下回る効用しか見いだせないということができます．

　一方，いま手元に 20 万円持っているけれど，明朝までにそれを 100 万円にふやさなければ夜逃げしなければならない事情があり，かといって，一晩で 20 万円を 100 万円にふやす才覚もなく，途方に暮れている男がいるとします．きっと彼なら，この宝くじがたとえ 20 万円であっても買うでしょう．彼にとっては，20 万円以上の効用があるのです．

　効用に対するあなたの傾向を調べてみましょう．現金 50 万円と，0.5 の確率で 100 万円当たるくじと，どちらを選びますか．期待値は同じですが，きっと現ナマに手を出すでしょう．では，現金 50 万円と 1 の確率で 100 万円当たるくじとなら？　今度はくじに決まっています．確実に 100 万円もらえるのですから……．そうすると，100 万円のくじが当たる確率を 0.5 から 1 までの間のどこかに，くじを選ぼうか現ナマに手を出そうかと迷うところがあるはずです．0.6 ならどうか，0.7 ならどうかと価値判断してみてください．そして，かりに当たる確率が 0.8 の 100 万円くじと 50 万円の現金の価

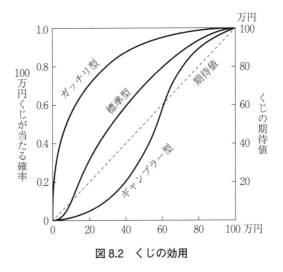

図 8.2　くじの効用

値とが等しそうだと感じたら，1円ももらえないリスクを覚悟のうえで50万円の現金を見捨ててくじを選ぶし，確率が0.8より小さければ，100万円はあきらめて，確実な現金50万円を手にすることを選択するでしょう．

　図8.2を見てください．100万円が当たるくじと比較される現金の額を変化させながら，現金とくじの効用が等しいと感じた点を結んだものです．これは**効用曲線**と呼ばれています．ふつうの人の効用曲線は「標準型」をしています．もし，価値観が数学的な期待値のとおりなら，効用曲線は点線で書き入れた対角線と一致するはずですが，ふつうの人の効用曲線は，左下隅のごく一部を除いて，対角線より上方に位置します．これは，当たらなかったらどうしようという不安のために，くじの価値が期待値よりも常に低く評価されていることを意味しています．

「ガッチリ型」は期待値が 90 万円あるのに，1 円にもならない可能性が 10 ％もあるとして 40 万円くらいにしか評価しないので，曲線は「標準型」よりさらに上方に位置します．また，「ギャンブラー型」は期待値が 20 万円しかなくても，現金 40 万円よりは，くじを選んで一攫千金を狙おうという人なので，かなり下方に曲線が位置することになります．

効用から意思決定へ

確率がからんでいるにしろ，いないにしろ，個人にとっての効用は，性格や置かれている立場によって，かなり異なります．また，個人レベルばかりではなく，家族レベルでも，企業レベルでも，国家レベルでも，人類レベルでも，事情はまったく同じです．システムの最適化を取り扱った前の章では，システムが発揮する効果を最大にすることが最適なのだと考えてきました．ここで，その**効果**を**効用**と置き換えようと思います．

システムが発揮する能力の表現は，たとえば，生産高の場合も，輸送力の場合も，犯罪の検挙率の場合も，あるいは，国民生活の安定や文化の向上など，さまざまです．けれども，一般にシステムの効用は，生産額や，犯罪の検挙率や生活保護世帯の減少数などに一次比例するものではありません．

効用関数という，効用を定量的に表現するための数学モデルを使って説明することが試みられていますが，効用関数は**選好関係**（一言でいうと好き嫌い）によって導き出されるものです．したがって，システムの効用は，システムの設計や建設にあたる責任者やそ

のスタッフの感覚で見積られることになります.

　これらの方たちは，効用の一般的な性格(ある論理的な量の対数に比例することが多いとか，確率がからんでいるときの数学的な期待値との関係とか)を知り，ある論理的な量を極大にする方法を十分に理解したうえで，システムの効用を見積る能力を身につけなければなりません．その能力は，豊かな知性と幅広い教養と，かたよらない人生観に裏付けされて成長する性質のものです．システム論は，人間性を無視した無機的な議論に発展しやすいのですが，システムの価値を判断する基準には，つねに人間性がからんでいるのだということを，忘れないでほしいと思います.

　効用と並んで重要なのは，意思決定の問題です．前の節のくじの例では，ふつうの人は50万円の現金と100万円が0.8の確率で当たるくじとに，同じ効用を見いだしたのでした．そのため，50万円の現金と0.9の確率で100万円が当たるくじを並べて，二者択一の選択を迫られれば，"くじを選ぶ"という決定をくだします．けれども，ガッチリ型の人には，それでも"現金を選ぶ"決定をする人も少なくないでしょうし，ギャンブラー型の中には，確率が0.2でもくじを選ぶ人もいるでしょう．なぜ，こうも違うのでしょうか．性格の差とか，人生観の差とかの答が返ってきそうです．確かにそのとおりなのですが，システムエンジニアとしては，それだけでは困るのです．どうして，ガッチリ型の人は"現金を選ぶ"決定をするのか，そのメカニズムを知ったうえで，合理的と考えられる選択をする必要があるからです.

　私たちの日常は，意思決定の連続なのですが，意思決定を迫られるときの環境は，つぎのように分類できると思います.

①　将来の見通しが確定的な場合

確実性のもとでの意思決定

②　将来の見通しが確率的にわかっている場合

リスクのもとでの意思決定

③　将来の見通しが確率的にわからない場合

不確実性のもとでの意思決定

④　例外的な特殊事情がある場合

特殊事情のもとでの意思決定

⑤　競争相手がいる場合

競争のもとでの意思決定

　ここでは5つのタイプに分類しましたが，学問的に統一されたものではありません．「競争のもとでの意思決定」を「不確実性のもとでの意思決定」に含める方もいますし，「特殊事情のもとでの意思決定」を取り上げない方もいます．

確実性のもとで

　将来の見通しが確定的な場合です．見通しが確定的なら，迷うことなく最善の手をとればよいに決まっています．それにもかかわらず迷うことが多いのは，情報の加工が不十分なため，最善の手が見えないからです．

　ただし，なにが「最善」かは，かなりむずかしい問題です．投入する資源は少ないほど良く，その結果うまれる効果は多いほどよいに決まっていますが，では，少ないとか多いとかは，なにを物差しにして測るのでしょうか．ふつうは金額に換算しますが，換算の仕

方が投入資源や効果に正比例させてよいのかどうか, 疑問があります. のどが渇いたときの水の例のように, 主観的な価値は, 必ずしも数量に正比例しないからです.

リスクのもとで

将来の見通しが確率的にわかっている場合です. 表8.1を見てください. 現金50万円か, 80％の確率で100万円当たるくじAか, 1％の確率で1億円が当たるくじBか, どれか一つだけ選べるとしましょう. こういう場合, まず, もうけの期待値を比較してみるのがふつうです. この場合,

現金の期待値 = 50万円 × 1 = 50万円

くじAの期待値 = 100万円 × 0.8 = 80万円

くじBの期待値 = 10,000万円 × 0.01 = 100万円

だからくじBを選ぼう, というわけです. このように, 期待値をできるだけ大きくしようとする作戦の原理を**期待値原理**といいます.

リスクのもとでの意思決定は, 将来の状態が確率的にわかっているだけに, 失敗するリスクも計算のうえで意思決定することができ

表8.1 くじの利得表

	当たる確率	当たったときの利得
現　金	1	50万円
くじA	0.8	100万円
くじB	0.01	10,000万円

るので，期待値原理に依ることが多くなります．しかし，このような選択の仕方に疑問がないわけではありません．そもそも期待値は，同じことをなん回も繰り返すと考えたときの平均値です．くじ B の期待値が 100 万円だからといって，毎回 100 万円を保証しているわけではありません．1 回だけに限ってみれば 100 に 1 つの割合で 1 億円という大金がころげ込んできますが，100 に 99 の割合で，つまり，ほとんど確実に，くじがはずれて悔し涙にくれることになるではありませんか．

　日常的に類似の意思決定が繰り返されているなら，期待値原理に依るのがもっとも大きなもうけをあげる道でしょう．けれども，一発勝負の意思決定に際して期待値原理を拠りどころにするのは，やや的はずれの感がなくもありません．

不確実性のもとで

　将来の見通しが確率的にわからない場合です．そのため，リスクのもとでの意思決定とは違ったアプローチが必要なのはもちろんです．このような場合には，意思決定する人の立場によって答えが変わってきます．

　表 8.2 を見ていただけませんか．野うさぎを捕えに行ったとします．野うさぎの集団が右の道から飛び出すか，左の道から飛び出すか，まったくわからないと考えます．A 案のようにわなをかけると，右から

表 8.2　野うさぎの利得表

	左	右
A　案	7 羽	1 羽
B　案	5 羽	3 羽
C　案	4 羽	4 羽

飛び出せば1羽，左からなら7羽のうさぎがつかまります．B案の
わなは，右からなら3羽，左からなら5羽つかまり，C案では，左
右のどちらから野うさぎの集団が飛び出しても4羽つかまえること
ができるとします．A，B，Cのどれに決定すべきでしょうか．

[**楽観的な選択**]　A案を選ぶとうまくいけば7羽，B案ならうまく
いくと5羽，C案だとうまくいっても4羽，だったらA案に決め
ようという選択です．つまり，それぞれの選択で生じるいちばん大
きな利得どうしを比較して，その中からもっとも大きいものを選ぼ
うというものです．各案の最大の結果を比較して，その中から最大
のものを選ぶので，**マクシマックス戦略**と呼ばれます．都合のよい
ほうばかりを考えるので，思考過程の形式としてはともかく，現実
的な意思決定の根拠としては首をかしげたくなります．

[**悲観的な選択**]　A案を選ぶとへたをすれば1羽，B案ならへたを
すると3羽，C案だとへたをしても4羽，だからC案に決めよう
という選択です．それぞれの案で起こりうる最小の損失どうしを比
較して，その中から最小のものを選ぶので，**ミニマックス戦略**とい
われます．悲観的というより，穏健な指針なので，現実の意思決定
には役立ちそうです．ちょうど，能率はよくないけれど，民主主義
が大きな誤りを犯す心配がないようにです．

[**中間的な選択**]　マクシマックスでは楽観的すぎるし，ミニマック
スでは弱気すぎて気に入らない，だからその中間に選択基準を設け
ようという考え方もあります．そのために，楽観係数という値を用
います．楽観係数はゼロから1までの値で，ゼロに近いほど悲観的，
1に近いほど楽観的であることを示します．この方法は，大きな利
得のほうに楽観係数をかけ，小さな利得のほうに1から楽観係数を

引いた値をかけて合計し，それらの値を比較して選択しようという
ものです．たとえば，野生のうさぎが相手だから，どっちから現れ
るのか見当がつかないので少し慎重にということなら，楽観係数を
0.3くらいにしてみてください．

A案　7羽× 0.3 + 1羽× 0.7 = 2.8羽

B案　5羽× 0.3 + 3羽× 0.7 = 3.6羽

C案　4羽× 0.3 + 4羽× 0.7 = 4.0羽

となりますから，C案を選ぶことになります．

[ラプラスの法則による選択]　まるで確率の見当がつかない，人類
の知恵や経験を総動員してもほんとうに見当がつかないのなら，
きっと五分五分の確率だろうから，いっそのこと50％ずつの確率
と見なしてしまえ，というのが**ラプラスの法則**です．こう覚悟を決
めてしまえば，期待値の計算は簡単です．

A案　7羽× 0.5 + 1羽× 0.5 = 4.0羽

B案　5羽× 0.5 + 3羽× 0.5 = 4.0羽

C案　4羽× 0.5 + 4羽× 0.5 = 4.0羽

計算はまことに簡単ですが，困ったことに期待値が同じになってし
まいました．これでは優劣の判断がつかず，どの案がよいのか決め
られません．こういうとき，利得が安定している案を選びたいと考
えるのが人情です．

　利得が安定しているかどうかは，統計でいう**分散**の考え方を使っ
て調べます．具体的には，ある結果の利得の二乗に，その結果が起
こる確率を掛け合わせて，すべての結果について，その値を加え合
わせます．その合計が小さいほど，利得のバラツキが少ない，つま
り，安定していると判断するのです．

A 案　$(7 \text{羽})^2 \times 0.5 + (1 \text{羽})^2 \times 0.5 = 25 \text{羽}$

B 案　$(5 \text{羽})^2 \times 0.5 + (3 \text{羽})^2 \times 0.5 = 17 \text{羽}$

C 案　$(4 \text{羽})^2 \times 0.5 + (4 \text{羽})^2 \times 0.5 = 16 \text{羽}$

C 案に軍配があがりました.

[リグレットを最小にする選択]　左から飛び出すことを期待して A 案にしていたところ, 右から飛び出してきて 1 羽しか捕まらなかった, こんなことなら C 案にしていれば 4 羽捕まえられたはずなのに, 3 羽も取り損なって残念(リグレット)……. というわけで, A 案の右の欄には 3 と記入してください. また, A 案を選んでいたところ期待どおり左から飛び出して 7 羽ゲットなら, 残念さはゼロになります. こうしてつくったのが表 8.3 のリグレット表です. リグレットは "残念さ" ですから, マイナスの利得です.

　したがって, ミニマックスの考え方をこの表に適用するには, それぞれの作戦で起こりうるミニマムの利得どうしを比較して, その中からマキシマムのものを選ぶという**マクシミン戦略**を使う必要があります. A 案, C 案だとへたをすれば 3 羽, B 案ならへたをしても 2 羽の残念さですむから, B 案を選ぼうとなるでしょう. このような基準で選ぶのが, リグレットを最小にする選択です.

　リグレットは, 経済学でいう機会損失に相当しますから, 「機会損失を最小にする選択」といってもよいでしょう. 大もうけはしなくてもよいから口惜しい思いはしたくないとか, 決断の悪さを責められるのはごめんという方には, 有用な選択肢ではな

表 8.3　野うさぎのリグレット表

	野うさぎ	
	左	右
A　案	0	3
B　案	2	1
C　案	3	0

いでしょうか.

特殊事情のもとで

　例外的な特殊事情がある場合ですが, まず, 表 8.4 を見ていただけますか. A ～ D の 4 種類のくじがあると思ってください. くじ A は当たる確率は高いけど当選金は安く, くじ B は当たる確率も当選金もそこそこです. このくじの中から 1 枚もらえるとしたら, どれをもらいますか.

　すぐに期待値を計算して C を選ぶ人もいるでしょう. この選択は期待値原理に依るものです. けれども, 前に書いたように, 期待値原理は同じことをなんべんも繰り返したときの平均値ですから, 一発勝負の賭けで C を選んだ結果は 600 万円かゼロのどちらかです. 600 万円 × 0.4 ＝ 240 万円という期待値どおりとはいきません.

　それを承知のうえで, それでも最も期待値の大きいくじを選ぶのも一つの見識です. しかし, このほかにもいくつかの考え方があります. その一つが, **最尤未来原理**です. 尤は「もっともすぐれている」という意味ですから, いちばん納得のいく未来を選ぼうという考え方です. したがって, 不確実なものには目もくれず, 少しでも確率が 100 ％に近いものを選ぼうというものですから, A のくじをもらうことになります.

　期待値があまりちがわない手の中から一つを選

表 8.4　くじの利得表

くじの種類	当選確率	当　選　金
A	0.9	100 万円
B	0.7	300 万円
C	0.4	600 万円
D	0.1	10,000 万円

ぶときには，おもしろい考え方かもしれませんが，

　　0.9 の確率で　　1 万円が当たるくじ

　　0.8 の確率で 1,000 万円が当たるくじ

のように，期待値が大きく異なるときに，それでも確率の高いほう
を選ぶというのは，どうかと思います．

　もう一つの考え方に，**要求水準原理**があります．必要としている
金額がはっきりしているなら，その金額より大きな利得があげられ
る手の中から，いちばん確率の高いものを選ぼうという考え方です．
800 万円が手に入らなければ夜逃げだ，という人にはＤのくじしか
必要ないし，400 万円が夜逃げの境めだという人は，Ｄではなく確
率の高いＣを選ぶことになります．この考え方には，とても説得
力があります．

競争のもとで

　ここまで説明してきた意思決定は，すべて自分自身がどの考え方
で選択するかという，自身だけの問題でした．こんどは，競争相手
がいるわけですから，一筋縄にはいきません．競争相手は，人，コ
ンピュータ，企業，国などであることもあるし，牛や魚，天候など
である場合もあります．また，相手の数も 1 人とは限らず，複数い
るのがふつうです．

　それぞれ，利得はできるだけ大きくして，損失はできるだけ小さ
くしようと考えるでしょう．この行為をゲームとし，これに参加す
る人や組織の行動を合理的に決める理論は**ゲーム理論**と呼ばれてい
ます．競争のもとでの意思決定は，さまざまなタイプのゲームをご

紹介したうえで，取りうる最善の手をご説明しなければならないのですが，ゲーム理論だけで 1 冊の本になってしまうので，恐縮ですが，拙著『ゲーム戦略のはなし』(日科技連出版社)に目を通していただければ幸いです．

デシジョン・ツリー

私たちの毎日は意思決定の連続です．一回ぽっきりの意思決定については，くじや野うさぎの例でお話ししたような種々のアプローチがあるので，ケース・バイ・ケースで最も合理的と考えられる方法を選んで意思決定すればよいのでした．けれども，一連の決定をまとめて判断するには，もうひとくふう必要です．それには，**デシジョン・ツリー**(決定の木)を使うのが有効です．

図 8.3 を見てください．ある施設の建設を受注すべきか，すべからざるべきか，ハムレットにも似た悩みを解決するためのデシジョン・ツリーを描いてみました．□は，決定がなされる点で，決定ノードまたは行動分岐ノードといわれます．〇は，確率ノードとか事象分岐ノードとか呼ばれて，確率的に結果がきまります．かっこの中に書き込んである数字は，その結果が表われる確率です．この確率は明確にわからないことが多いのですが，いろいろなデータから推定した値を記入します．どうしてもわからないときは，ラプラスの原理に従うほかないでしょう．

いま目の前に，首尾よく受注できれば 20 億円の利益を上げられるおいしい仕事の話があります．けれども，受注工作のために 6 億円もの資金を投入しなければならないし，6 億円を投入しても受注

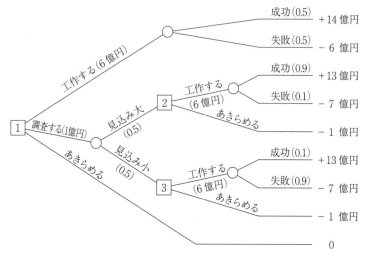

図 8.3　施設受注のためのデシジョン・ツリー

できるとはかぎりません．長年の経験から，成功するか失敗するか
は五分五分です．受注に成功すれば差し引き 14 億円のもうけです
が，失敗すれば 6 億円の丸損です．まさに一か八かの勝負です．

　そこで，1 億円の調査費を使って可能性を確かめてみることを思
いつきました．調査によって受注の見込み大となれば，工作資金の
6 億円を投じても 90％の確率で受注に成功します．反対に見込み小
となれば，受注工作しても成功の確率は 10％しかありません．また，
調査の結果が大となるか小となるかは五分五分です．さぁ，どうし
ましょう．

　A.　直ちに受注工作にかかる

　B.　まず，調査してみる

　C.　受注をあきらめる

　最初の決心の分かれ道は，工作する，調査する，あきらめるの3つになります．受注工作の結果は成功と失敗に分かれ，成功すれば14億円のもうけ，失敗すれば6億円の損です．

　また，調査の結果は受注の見込みの大小に分かれ，大であれば受注工作して，成功すれば13億円のもうけ，失敗すれば7億円の丸損です．そして，あきらめた場合は，調査費1億円が赤字となって残るでしょう．かりに調査して見込みが小だったにもかかわらず受注工作を強行した場合も，あきらめた場合も，結果は同じです．

　最初から受注工作も調査もせずにあきらめてしまえば，損得ゼロなのは，いうまでもないでしょう．

　さっそく期待値原理で計算してみましょう．

　　A.　直ちに受注工作するの期待値

$$14 億円 \times 0.5 - 6 億円 \times 0.5 = 4 億円$$

直ちに受注工作した場合の平均的なもうけは4億円となります．

　これに対して，調査する場合の期待値の計算は少し頭を使います．調査の結果，見込み大となって受注工作する場合の期待値は，

　　期待大　$13 億円 \times 0.9 - 7 億円 \times 0.1 = 11 億円$

です．あきらめる場合の1億円の損よりずっと大きな値ですから，②まできたら，工作するのを選ぶのが当たり前です．いっぽう，③の状況になったにもかかわらず受注工作を強行した場合の期待値は，

　　期待小　$13 億円 \times 0.1 - 7 億円 \times 0.9 = - 5 億円$

です．これは，③まできてあきらめる結果より悪いので，ためらうことなく1億円の損で食い止めなければいけません．したがって，③のところの期待値は－1億円なのです．そうすると，調査した場合の期待値は

   B.　まず，調査してみるの期待値

      11 億円 × 0.5 − 1 億円 × 0.5 ＝ 5 億円

と評価されます.

   そして，当たり前のことですが,

   C.　受注をあきらめるの期待値　0 億円

です.

   期待値原理による選択の答えは明らかです. Bの「まず，調査してみる」を選択することになります. このデシジョン・ツリーの例のように，将来の状態が確率的にわかっている場合，意思決定は失敗するリスクも計算のうえで行なうため，期待値原理に依ることが多くなります.

   第6章からここまで，モデルとシミュレーション，システムの最適化，効用と意思決定の問題を長々と書いてきました. なぜ，これらがシステムを取り扱ううえで必要なのかを，あらためて整理しておこうと思います.

   システム工学の目的は，システムを合理的に設計し，運用することにあります. なぜなら，なるべく少ない費用で，なるべく大きな効果をあげたいからです. そのためには，最適なシステムを建設し，最適な状態で運用する必要があります. 何よりもまず必要なことは，システムの姿をはっきり，はあくすることです. それができなければ，どんな手法もほとんど役にたちません. そのために，**モデル**をつくります. さらに，システムがどのような特性を持ち，どのような挙動をするかを理解するために，**シミュレーション**をしてみます. そうすると，システムの姿が明確に理解できてくるはずです. そして，つぎの行動はシステムを**最適化**することです. ところが，ここ

で最適とは何か，という問題にぶつかってしまいました．そこで，最適の基準を得るために，私たちは**効用**の概念を導入する必要があったのです．しかし，効用の概念だけでは十分ではありませんでした．どれだけの効用を見いだすかは，**意思決定**する人の立場によって異なるからです．というわけで，意思決定への種々のアプローチを整理して，理解しておく必要があったのです．

　システム建設の主人公は人間です．人間の意思に反して，人工的なシステムが存在してよいはずがありません．システムに対しての価値判断は，人間の意思によってなされるのだということを，繰り返して申し上げたいと思います．

第 *9* 章

システム産業

奉仕を主とする事業は栄え，利得を主とする事業は衰える

——ヘンリー・フォード

(20 世紀初頭の自動車王)

住宅産業

かれこれ 60 〜 70 年前くらいからでしょうか．戸建て住宅の建て方がずいぶんと変わりました．それ以前は，まず，土地を探して，つぎに大工の棟梁と打ち合わせておおざっぱな間取りを決め，建てる前にはチップをはずみ，あとは手抜き工事に気をつけていれば，数か月後には家屋が完成．これが一般的なやり方でした．

ところが，1950 年代のなかばころから，建売り住宅が普及しはじめました．核家族化が進んで住宅の需要が急上昇し，それにともなって地価も高騰し，建築費の値上げとも相まって，首都圏では，自ら土地を求め，家屋を建築することは，庶民には高嶺の花になりました．それに目をつけた建築業者が，有効すぎるほど土地を利用して，狭い土地に同じような形の住宅をぎっしり並べ，見えない部分の材料の質を落としたりして，格安の価格で住宅を提供しはじめたのです．

　はじめのころは，ひどいものも多かったようですが，建売り住宅
は，住宅のシステム化に大いに貢献しました．各人が狭い土地に
かって気ままに家を立てたのでは，プライバシーや日当たり，風通
しなどをめぐって，隣近所とのいざこざが絶えないはずですが，何
軒かをシステム化して，それなりの居住性をつくり出しました．そ
れに，建築の法的な手続きまで含めて，それまで各人で行っていた
いっさいの業務を代行するので，家を建てるだけだった大工の棟梁
と比べると，一段と広い範囲でシステムの取りまとめ役となりまし
た．

　そして，1960年代のなかばくらいになると，この盛況ぶりに目
をつけた大企業の進出が相つぐようになりました．住宅の目的は
“住む”ことです．この目的をどれだけよく達成しているかの評価
要素として，①広さ，間取り，日当りなどの建物固有の居住性，②
見晴し，騒音などの建物周辺の居住性，③交通，買い物，学校など
生活の便利さ，などが考えられると思います．したがって，いくら
家屋に力を注いでも，それだけでは快適な住宅をつくることができ
ないのです．大工の棟梁はもちろん，地元の小規模事業者では，建
物固有の居住性を向上させるのがせいいっぱいで，建物周辺の居住
性や生活の便利さまでを積極的に変えることはできません．これら
の条件の良いところを選んで，そこに住宅を建てようと努力するだ
けです．

　ここに，大手が進出する必然性があったのです．鉄道を敷設し，
道路を整備してバスを走らせ，宅地を造成します．そして，ショッ
ピングセンターや映画館などの娯楽施設もつくり，学校の敷地も確
保し，小さな公園までつくります．そして建物は，集合住宅はもち

ろん，戸建て住宅も量産方式で効率的に行います．規格化された材料と工程の組合せによって，住宅産業に特有の要求の多様化にも応じながら，量産のメリットも発揮できます．

　つまり，上物を建てるだけでなく，住宅の原材料の生産，住宅の設計・施工，宅地の開発，周辺まで含めた環境の整備からインテリアにいたるまで，いっさいをシステムとしてつくり，売り出したのです．さらに，システムの運用を通じてサービスも売り出したのが，システム産業としてとらえた住宅産業の姿です．

　こうして，広さはともかく，快適な居住性や生活の利便性を追究してきた建売り住宅ですが，エネルギー問題，交通渋滞，インフラの老朽化，防災などのさまざまな課題が山積するようになってきたため，新しい街づくりが叫ばれるようになりました．そこで登場してきたのが，**スマートシティ**(Smart City)という，新たな都市構想です．

　スマートシティとは，**IoT**(Internet of Things：もののインターネット)技術を活用した近未来型の都市のことです．スマートシティは，スマートリビング(生活)，スマートエネルギー(環境)，スマートエコノミー(経済)，スマートラーニング(教育)，スマートモビリティ(交通)，スマートガバナンス(行政)という6つの構成要素から成っています．人や建物などのモノとサービスが情報でつながり，環境との調和とサステナビリティ(Sustainability：持続可能性)をキーワードに，私たちの暮らしをより良くすることを目的にしています．SF小説や映画に登場したような都市が，ついに現実のものになるという感じでしょうか．

　そして，この新しい街づくりに名乗りをあげたたくさんの企業の

なにからなにまでめんどうをみる……

一つに，トヨタ自動車があります．しかも，主要パートナーとして
迎え入れたのが NTT です．自動車会社と電話会社が新しい街づく
りに参画したのです．大工の棟梁が何人かの職人を使ってコツコツ
と家を建てていたころからは，とても考えられないことではありま
せんか．

　ウーブン・シティと名づけられた実験都市を開発するプロジェク
トの目的は，ロボットや AI（人工知能），自動運転や **MaaS**[*]
（Mobility as a Service）などの先端技術を生活環境の中に導入して，
検証することです．建物はカーボンニュートラルな木材でつくり，
屋根には太陽光発電パネルを取りつけるほか，室内にはロボット，
AI（人工知能）による健康状態のチェックなど，暮らしの中に先端

　＊　詳細な定義は 55 ページ参照．これには，自動車などの移動を必要なとき
　　だけ料金を払ってサービスとして利用することも含まれ，カーシェアリン
　　グがその代表です．トヨタは，自動車をつくる会社からモビリティカンパ
　　ニーになることを表明しています．つまり，自動車製造業から移動サービ
　　ス業への転換です．

技術を取り入れた街となるようです．人にも地球にもやさしい街づくりということでしょうか．こう何から何まで親切だと，科学技術の支配下に置かれてしまうようで，少し悲しさを感じなくもありませんが……．

システム産業の特質

今後，有望な産業などれだろうか，という予測は，いつの時代にもあります．50年前のこの本の初版では，情報産業，海洋開発産業，教育産業，住宅産業と書きました．さらに，その他として，省力産業，公害関連産業，レジャー産業と書きました．時代とともに，たとえば公害関連産業は環境関連産業と呼ばれるようになり，情報産業はIT産業と呼ぶほうがとおりがよいなど，呼び方に変化はあっても，これらが有望な産業であることは，50年たった今でも変わっていないように思います．少子化社会でも教育産業が有望なのかと<ruby>訝<rt>いぶか</rt></ruby>る方もおられるかもわかりませんが，これについては，あとの節に登場しますので，すこしだけお待ちください．

前の節でご説明した住宅産業は，鉱業，建設，繊維，化学，鉄鋼，金属，電機，金融，運輸，電力，不動産，サービスなどの，すべてを住むという目的のためにシステム化することを売りにしています．一口に住宅産業と言っても，証券市場で分類される33業種のどれにもあてはまる産業です．多くの産業を横から串ざしにして，その組合せを売り物にしています．つまり，一つひとつの製品やサービスを売るのではなく，それらを組合せて社会の要求にこたえる商品としているのです．住宅産業にかかわる会社であることをよりイ

メージしやすいように，一つの部門を分離独立させた会社も多くあります．積水ハウスは化学に分類される積水化学から，トヨタホームは輸送用機器に分類されるトヨタ自動車から，分離独立した会社です．繊維に分類される東レには東レ建設がありますし，家電量販店がハウスメーカーを子会社化したことが，大きなニュースとなったこともありました．

　IT 産業，海洋開発産業，教育産業，住宅産業のように，業種の枠を超えて，たくさんの企業の有機的な結びつきによって社会的要求を充たそうという複合的な産業を**システム産業**といいます．そして商品は，ハードウェアと利用技術やサービスなどのソフトウェアの組合せです．ですから，システム産業における新製品開発は，組合せ自体の開発ということになります．

　システム産業が発生した理由は，既存の枠組みでは達成できなかった社会的な要求を，知恵と努力とで達成する必要があったからです．旧態依然とした手法では社会的要求にこたえきれなくなったため，たくさんの産業や企業が再編成され，体系化されたのです．

　システム産業は，国民生活の基盤整備や国土の開発など，国のプロジェクトとのかかわりが深いため，公益事業的な性格が強くあります．ずっと以前は，"もうける"ことだけが企業の目的でした．けれども，現在の大企業の多くは，単独でもうけることに専念することなく，利益の多くを社会に還元しています．社会を裕福にすることによって，その富の上に自社の繁栄と安泰を築くという方向に変化したのです．新型コロナウィルスの感染が拡大しているときに，電機メーカーがマスクを生産し，自動車メーカーが医療用シールドを生産しました．

　環境問題，少子高齢化，自殺など，日本はたくさんの社会問題を抱えています．システムの目的は，問題を積極的に受け入れて克服し，よりよい状態に導いて解決することです．この本の初版で，「システム産業が，間違っても，上位の階層の社会システムを破壊することのないように，願いたいものです」と書きました．このことは，50 年たった今でも変わりません．

IT 化は進む

　表 9.1 を見てください．世界の株式時価総額のベスト 10 ですが，1 位の石油会社，9 位の投資持ち株会社，10 位の製薬会社を除く 7 つが IT 系の会社です．メーカーは 10 位のジョンソン＆ジョンソンしかありません．ここに，情報化社会という時代の趨勢が表れています．

表 9.1　世界の株式時価総額ランキング（2020 年 3 月末時点）

順位	企　業　名
1	サウジアラムコ
2	マイクロソフト
3	アップル
4	アマゾン・ドット・コム
5	アルファベット（グーグル）
6	アリババ・グループ・ホールディングス
7	フェイスブック
8	テンセント・ホールディングス
9	バークシャー・ハサウェイ
10	ジョンソン＆ジョンソン

　ところで，情報化社会とは何でしょうか．わかりやすく言えば，つぎのようなことだと思います．私たちは，いろいろな欲求を感じます．そのうち，個体や種族の維持のために，どうしても必要な欲求を一次欲求と呼ぶことにしましょう．食べたり，飲んだり，寝たりすることに対する本能的な欲求です．この一次欲求をより良く満たすことに全力投球してきた結果，良質で安価な物質とエネルギーを大量生産することができるようになったので，一次欲求は，いつでも容易に満たすことができるようになりました．

　一次欲求が満たされると，つぎの欲が出てきます．どうせ寒さをしのぐなら，かっこいい衣服を身につけたい，という種類の，もっと感覚的な高度な欲求です．それを，二次欲求と呼ぶことにしましょう．そうすると，物の価値には，物質的な価値と，情報的な価値があって，それぞれ，

　　物質的価値　——　一次欲求

　　情報的価値　——　二次欲求

という組合せで結びついていると考えられます．一次欲求と二次欲求では，もちろん，一次欲求が優先します．一次欲求が満たされないことは，個体にとっては死を，種族にとっては絶滅を意味するからです．けれども，一次欲求は，ある限度以上の物質を要求しません．ですから，社会が豊かになると，一次欲求を満たしても，まだ多くの支払い能力を持った人たちがふえ，二次欲求への支払いが急激に増大するかんじょうになります．その結果，社会における価値のウェイトが物質から情報に移り，情報が物質と同等の価値を有するようになってきます．情報を中心として機能する社会に変化していくことが，情報化社会あるいは高度情報化社会です．IT の急速

な発展に伴って，加速度的に進行しています．

　『大辞林』によれば，情報産業とは「情報の収集・加工・処理・検索・提供などを業務とする産業の総称．広義には出版・新聞・放送を含むが，一般的にはコンピュータ関連産業」のことです．最近では，IT 産業と言われることも少なくありません．IT 産業は，ハードをつくる「コンピュータ機器製造業」，ネットワークのインフラや通信サービスを提供する「通信産業」，グーグルに代表されるような「情報サービス産業」に分けられます．

IT 産業

　なぜ，IT 産業はシステム産業なのでしょうか．ネット通販を例にとれば，当たり前のことですが，オンラインショップを開く技術が必要です．そして，取りそろえる商品の内容，商品の情報の伝達，商品の仕入れ・配送，代金決済の仕組みなどが必要です．ネット通販は，これらの組合せを売っていることになります．つまり，システム化された管理体系のもとで，仮想店舗をオープンしていることになります．リアルな店舗と比べて，実際に手に取って見ることができないという弱点はあります．けれども，自宅にいながらにして買い物ができる，品ぞろえが豊富，商品によってはその日のうちに手に入れることができるなど，それを補ってあまりあるものがあります．持ち帰るのがめんどうだからでしょうか，近ごろでは，リアルな店舗で商品を見て，その場でオンラインショップに申し込むという人がふえているようです．

　売上高，従事する方の数もふえ続けています．情報サービス産業

協会のホームページによれば，2017 年現在，売上こそ自動車産業の 40%程度の 24 兆円にとどまっていますが，従事する方の人数は 108 万人を数えるまでになり，自動車の 88 万人を上回っています．鉄鋼産業と較べると，売上高は 1.5 倍，従業員数は約 5 倍にまでなっています．ちょうどこの本の初版が出たころは，高度成長期の真っただ中で，「鉄は国家なり」と言われていた時代でした．コンピュータが本格的に使われだして，まだ 10 年にもならない時代でしたから，隔世の感があります．

　IT 産業は，これから先も，伸び続けていくでしょう．IoT，AI，ビッグデータ，クラウドコンピューティングなど，まだまだ発展途上のビジネスモデルがたくさんあります．最近では，人やプロセスまでもつながる IoE（Internet of Everything）という言葉まで使われるようになりました．新型コロナウイルスの感染防止策として発せられた緊急事態宣言の際に効果を発揮したのは，テレワークでした．そのころ開催された政府の IT 戦略本部の会合では，感染症に関する情報発信，人の流れの把握，オンライン教育，テレワーク，デジタル・ガバメントなどについて議論されました．行政，民間企業とも，インフラの整備が追いついていないという現状がありますが，こういう「未知との遭遇」に対して，IT が威力を発揮するのはまちがいないでしょう．

教育産業

　2018 年の調査によると，日本の大学生の総数は 290 万人だそうです．また，2 万人以上の学生をかかえるマンモス大学が 19 校も

あるそうです．マンモスのトップは日本大学の約7万人．ベストテンは，日大，早稲田，立命館，慶應，明治，近畿，東洋，法政，関西，東海で，いずれも2万人以上．国立でも，東大，阪大，京大が2万人を越えているそうです．東大の学生数は2万7千人くらいだそうですから，そうなると，学生の100人に1人くらいは東大生ということになります．

　かつて大学教育は，社会のエリートをつくり出すという目的を持っていました．けれども，現在は，そうではありません．毎年数十万人も送り出される"大学卒"が，全員エリートであるはずがないではありませんか．今や大学教育は，テレビの教養番組やラジオ体操の放送と同じように，国民一般の資質を向上させるという役割に変わってしまったようです．

　社会が豊かになるにつれて，豊かな社会をささえていくために，国民の一人ひとりに高い知識水準が要求されます．大学教育ばかりでなく，読書，教養講座や学習講座，各種のセミナーなどが，社会的要求となっています．

　さらに，社会の豊かさが労働時間の短縮をもたらしました．その結果，多くの人たちに自由な時間ができて，およそ70兆円という巨大な余暇市場を生みだすまでになりました．昔から，道楽のいきつく先は"お稽古ごと"と相場が決まっていますが，余暇市場に占める音楽や美術などの創作活動，茶道や華道などの稽古ごとの割合は，かなりのものです．

　ところで，わが国の民間の教育産業の市場規模は，企業研修を含めても2.5兆円程度です．人口1人当たりの市場規模は，先進国では最低水準にあるようです．先進国の多くで，教育産業の市場規模

増加率が GDP の増加率を上回っているそうですが，日本は GDP 増加率を下回っていて，その差は開くいっぽうのようです．

　2020 年の初め，新型コロナの感染拡大によって学校が臨時休校となり，教育現場で授業を受けられない毎日が続きました．あの状況で休校になるのは当然ですが，はからずも，日本の教育の問題を露呈することになりました．

　2000 年代の中ごろに，旧態依然とした教育現場を科学技術の力で革新していくことを目的とした EdTech という新たな教育ビジネスがアメリカで生まれました．EdTech とは，Education（教育）と Technology（科学技術）を合わせた造語ですが，ICT（情報通信技術）を活用して，低コストで高品質の教育を提供することを目的としています．教育格差を是正し，機会均等を実現するための有効な手段として注目され，世界で急拡大しています．オンライン学習によって自宅にいても授業を受けることができ，また，e ラーニングとちがい，一方通行の授業ではないので，教師と生徒，生徒同士の双方向でのコミュニケーションが可能です．バーチャルリアリティを使って，博物館や宇宙空間まで体験できるようです．

　休校の間に親たちが心配したのは，勉強の遅れや新たな教育格差が生まれることでした．日本にも EdTech のようなシステムが確立されていれば，こんな心配などしなくてもすんだではありませんか．

　いま，教育方法は，科学技術の成果を利用して大きな転換点を迎えようとしています．オンライン授業のためには，端末が必要です．もちろん，ネット環境が必要なのは，言うに及びません．教科書のデジタル化も必須でしょう．こうした教育用の教材開発はもちろん，教育の形態が変われば，学習パターンの研究や教育方法の開発もシ

ステム化する必要があります.

　教育が社会的要求である以上，少子化のご時世といえども，"教育"という製品に対する需要は，前途が明るいと思われます．そして，形態が変わることによって，これまで以上に，さまざまな企業がシステム化された教育産業への進出をめざしていくでしょう.

海洋開発産業

　地球表面の約 70% は海です．昔から交通や貨物輸送，漁業の場として利用されてきました．けれども，この程度の利用にしかすぎません．とくに四方を海に囲まれた日本では，もったいない話です．なにしろ，陸地のほうは大部分が調査済みで，水流，鉱物，動植物など，かなりの程度利用されていて，資源の奪い合いで戦争が起きたり，レアアースの輸出制限を貿易戦争の切り札にしたりするぐらいですから.

　今後の社会，経済の発展のために，海洋に豊富に存在する鉱物資源，エネルギーなどを有効利用しない手はありません．海洋開発産業の主なものとしては，まず，海底油田や海底熱水鉱床などの採掘を行なう海洋資源開発があります．つぎに，洋上風力発電や潮汐発電などの，海洋再生エネルギーといわれるものの開発があります．そして，海上空港や人工島の建設などのスペース利用や海中パイプラインの敷設などの海洋土木があります．もちろん，年々わが国では漁獲量が減少していますので，水産資源の増養殖も重要な海洋資源の開発にあたります.

　海洋資源開発は，以前から石油，天然ガスの採掘は盛んに行われ

てきました．今や世界の生産量の4割が海洋の油田，ガス田による
ものといわれています．これに加えて，近年になって，メタンハイ
ドレートや海底熱水鉱床などの新たな海洋資源の開発に注目が集
まっていますが，まだ研究開発の段階で，商売にはなっていません．
海底にはぼう大な量の資源が眠っているのはまちがいないのですが，
端緒についたばかりというところでしょうか．

　つぎに，海洋再生エネルギーですが，世界的な環境への関心の高
まりから，化石燃料を使用しない新たなエネルギー開発に注目が集
まっています．ただこれも，陸上での再生可能エネルギーと比べる
と，商売になっているのは洋上風力発電と一部の国での潮汐発電だ
けです．このほかにも，波力発電や潮流・海流発電，海洋温度差発
電などがありますが，まだ，将来に向けて研究開発が進められてい
るという段階です．潮流の持つエネルギーは，河川とは比較になら
ないぐらいの大きさです．資源が枯渇する心配がなく，発電時に
CO_2を排出しない，そしてもちろん，地球の70％を占める，つま
りどこにでも存在する海洋再生エネルギーの利用は，ますます重要
になってくると思われます．

　海上のスペース利用というと，埋め立てがすぐ頭に浮かびます．
東京湾には多くの埋立地があり，超高層マンションやオフィスビル
が立ち並び，新しい都市を形成しています．また，関西空港は埋立
地に建設された国際空港です．ただ，水深や地盤の問題もあるので，
近年になって注目されてきたのが，マリンフロートと呼ばれる浮遊
式の海洋構造物です．これなら，水深や地盤に関係しませんし，地
震の多い日本では，耐震性にも優れていることがなによりです．埋
め立て工事と比較して環境への影響が少ないことも，注目されてい

る理由です．すでに石油備蓄基地として利用されていますが，洋上空港への利用も期待されています．

海洋開発にはまだまだ未知の分野がたくさんあり，技術的な問題だけでなく，経済性の問題もあるので，多くの困難に直面していくことでしょう．また，領海問題など，国際法の問題も存在します．したがって，開発のためにはさまざまな分野の総合力を結集する必要があり，まさに，システム産業といえます．

ここまで，海洋開発の必要性や有望性について書いてきましたが，もっとも注意しなければならないのは，自然システムの破壊です．自然システムは，全体として，巧みな調和を保っています．けれども，その調和は，人工的な所産によって，崩れる可能性があります．調和を崩す気など毛頭なく，十分に注意したつもりなのに，うっかりすると，人知の及ばないめぐりあわせで自然システムの調和が崩れ，人類を破滅に追いやる結果になりかねません．

環境問題のほとんどがそうです．人工的な所産が少ないうちは，自然システムの中にある余裕に吸収されて，自然システムの調和が崩れるところまでいかなかったので，安心できました．しかし，文明の進歩が大きすぎたため，近年では，人工的な所産が自然システムの余裕で消化しきれなくなってきているのです．

環境ビジネスは将来有望だといわれますが，よく考えてみると，そんなバカなことがあってよいものでしょうか．自然システムに手を加えるときには——海洋産業ももちろんそうですが——自然システムの変更が自然の調和を崩さないことを確認してから，実行に移すのが当り前です．そうすれば，環境ビジネスなどは存在しなくなるはずではありませんか．

　人類システムより自然システムのほうが上位のシステムです．人類システムが自然システムにアウフヘーベンすることが，人類システムにとって幸せなのだということを，もう一度思い出したいと思います．

著者紹介

大村　平（工学博士）
（おおむら　ひとし）

- 1930 年　　秋田県に生まれる
- 1953 年　　東京工業大学機械工学科卒業
　　　　　　防衛庁空幕技術部長，航空実験団司令，
　　　　　　西部航空方面隊司令官，航空幕僚長を歴任
- 1987 年　　退官．その後，防衛庁技術研究本部技術顧問，
　　　　　　お茶の水女子大非常勤講師，日本電気株式会社顧問，
　　　　　　(社)日本航空宇宙工業会顧問などを歴任

システムのはなし【改訂版】
—複雑化・多様化へのチャレンジ—

1971 年 1 月 20 日　　第 1 刷発行
2012 年 4 月 20 日　　第 25 刷発行
2020 年 11 月 28 日　　改訂版 第 1 刷発行

検印省略

著　者　大村　　平
発行人　戸羽　節文

発行所　株式会社　日科技連出版社
〒 151-0051 東京都渋谷区千駄ヶ谷 5-15-5
DS ビル
電話　出版　03-5379-1244
営業　03-5379-1238

Printed in Japan

印刷・製本　壮光舎印刷株式会社

©Hitoshi Ohmura 1971, 2020
ISBN 978-4-8171-9726-9
URL https://www.juse-p.co.jp/